# Si j'avais su

Moi, c'est Stella. Aujourd'hui ma fille Lesia fait sa première rentrée à l'école puisque je n'ai pas souhaité l'inscrire en maternelle. Elle a 6 ans ma petite brune aux yeux noisettes. J'ai la boule au ventre de la laisser pour la première fois.

Nous étions parents et enfants, rassemblés dans la cour de récréation pendant l'appel des élèves de CP. Lesia a rejoint son maître puis elle est montée dans sa classe, les larmes aux yeux. A cette vue, j'ai eu envie de m'effondrer mais j'ai tenu le coup. Difficilement je vous avoue.

La rentrée s'est bien passée, elle a un maître, Paul, il a l'air très gentil.

Je dois venir la récupérer à midi alors je déambule dans les ruelles, j'entre dans tous les magasins de la rue Clémenceau pour passer le temps. Je suis angoissée alors je n'attends pas midi, trente minutes avant je suis devant le portail de son école Loviconi à Calvi.

Calvi, ville du nord ouest de la Corse qui en plus d'être ma ville natale, est une station balnéaire chargée d'histoire. Un endroit sûr avec des gens de confiance. Nous, résident, pouvons nous promener en toute sécurité. Ici rien ne peut nous arriver, puisque tout le monde se connait et veille sur les enfants des uns et des autres. Même si nous ne nous connaissons pas ou simplement de vue, on se reconnait et nous nous saluons quand on se croise.

Les clichés sur les Corses ne sont pas forcément faux. Nous nous comportons avec retenue vis-à-vis des touristes, quitte à passer pour des introvertis, acariâtres voire des sauvages mais la préservation de notre île de beauté en vaut la peine. A l'inverse, lorsque nous ouvrons notre cœur nous ne le refermons plus. Nous pourrions tout donner, même à une personne qu'on ne connait à peine. Notre plus grande force est notre solidarité. Notre île est un paradis. Calvi entre montagne et mer, soleil et neige éternelle, en un mouvement de tête. Je ne pourrais vivre nul par ailleurs, la tranquillité n'a pas de prix. Scolariser Lesia ailleurs qu'en Corse serait une source d'angoisse pour moi.

Je me languis de savoir comment sa matinée s'est déroulée alors dès que le portail s'ouvre je la cherche partout. Mais où peut elle bien être ? Ah, enfin, ouf, je la vois. Elle attend son tour pour sortir. Elle m'aperçoit elle aussi, on se regarde, impatientes. J'essaye de deviner dans ses yeux son ressenti. Dès qu'elle sort elle se précipite dans mes bras, heureuse de me retrouver.

Dans la voiture, sur le court trajet jusqu'à la citadelle, où nous habitons un appartement, je l'inonde de questions sur l'école.

Elle ne me répond pas. A la fin de mon monologue je lui apprends que demain elle y retournera. Là, soudainement, elle se met à crier, pleurer en disant « non j'veux pas ».

Il va lui falloir un temps d'adaptation mais on s'y est tous fait alors je ne m'inquiète pas trop.

Pour la réconforter, pendant sa sieste de l'après midi, je lui prépare son plat préféré pour le repas du soir : des merveilleuses lasagnes au fromage de chèvre. La nuit précédente fût difficile. Je ne me sentais pas bien depuis que ma sœur Antonia était venue me rendre visite la veille. J'avais le cerveau en ébullition. D'ailleurs, Lesia l'avait ressenti et était venue dormir avec moi. Le réconfort de sa présence fût toutefois mis à mal par le stress généré par ses nombreux pleurs nocturnes.

J'espère que cette nuit était juste une mauvaise nuit et que la prochaine, elle retournera dormir dans sa chambre.

Mais à l'heure du coucher, le cinéma commence.

Lesia pleure, elle ne veut pas dormir, elle veut écouter une histoire, puis une seconde et en exige une troisième. Alors que je lui explique que demain il y a école et qu'il faut enfin faire dodo, elle se remet à crier « non pas école !!! »

Je vous épargne les cris, les pleurs qui ont duré jusqu'à épuisement !

Enfin seule et au calme sur mon canapé, je m'installe pour regarder une émission de chant. Je suis contrariée d'en avoir loupé la moitié surtout que ma télévision ne me permet pas d'accéder aux rediffusions. Je deviens véritablement triste quand Antonia avec qui je discute sur Messenger m'apprend que j'ai raté un groupe venu de Corse chantant apparemment super bien.

Depuis la naissance de Lesia, je mène une vie tranquille. J'ai hérité de l'appartement de mon grand-père. On y vit depuis maintenant deux ans. C'est mon village natal. Je suis revenue quand j'ai su que j'étais enceinte, j'ai dû arrêter mes études de droit et j'ai obtenu un poste de secrétaire médicale à l'antenne de Calvi l'année dernière alors j'ai gardé Lesia jusqu'à ce que je commence le travail et depuis un an mes parents la gardent quand je vais travailler. Aujourd'hui c'est mercredi, et comme tous les mercredis ainsi que les week-ends, il n'y a pas école. Nous allons au salon de thé, un endroit où les parents peuvent boire leur café paisiblement en gardant un œil sur leurs enfants. Un lieu propice à la détente, ou presque.

- Lesia ne te cache pas aux toilettes !

- Lesia arrête de courir !
- Lesia si tu ne m'écoutes pas on rentre à la maison !
- Lesia dernière fois !
- Lesia !!!!!

Antonia nous y rejoint souvent. Elle ne peut pas avoir d'enfant alors Lesia c'est comme sa fille. Elle a plus de patience que moi. Lesia l'adore, elle veut toujours aller dormir chez ma sœur. Pourtant, depuis quelques jours elle ne le demande plus. Je ne lui impose rien, c'est déjà beaucoup l'entrée à l'école alors je ne veux pas lui ajouter d'autres contrariétés.

Les jours passent vite entre mon boulot et l'école. Le planning est chargé mais on parvient à conserver nos bonnes habitudes, notamment nos repas chez babbo et mamie le samedi soir.

Babbo signifie grand père en corse.

Mes parents Philippe et Marie habitent une maison de village sur la route de Calenzana.

Calenzana est un village qui appartient à l'arrondissement de Calvi, situé dans ses hauteurs. Calme et ancien, les habitants y conservent leur racine et surtout leur langue natale.

Quand je mets un pied dans cette maison, je me sens en sécurité, la maison de mon enfance. Elle appartenait à mes ancêtres, mes parents l'ont refaite entièrement en préservant la ''déco familiale '' fusil au mur, tête de sanglier, armoire à fusil au milieu du salon et une énorme cheminée en pierre où on fait griller le figatellu. Rien que dans parler j'en ai l'eau à la bouche.

- Lesia fait le bisou à babbo et mamie !
- Non !
- Stella laisse c'est pas grave faut pas la forcer, me dit ma mère

Voilà, c'est toujours pareil, tu essaies de bien faire les choses, de bien l'éduquer mais si même tes propres parents te contredisent devant les enfants, tu ne peux pas t'en sortir alors je ne relève même plus. Ils lui passent tous ses caprices. Dans la chambre que babbo lui a aménagée, il est devenu difficile d'y marcher, c'est un véritable magasin de jouet en désordre ! C'est fou comme tes parents se transforment avec leurs petits-enfants. Pour Antonia et moi, ils ne cédaient pas et ne pardonnaient rien. Nous avions des jouets à nos anniversaires et à Noël mais le reste de l'année, un cadeau était exceptionnel. Apparemment dans la vie, soit on fait comme nos parents soit on fait totalement l'inverse. Moi je fais un entre deux, si elle le mérite, elle a un petit jouet de temps en temps. Ça lui fait autant plaisir à elle qu'à moi.

Arrive l'heure de passer à table. Bien-sûr, ma mère a demandé à Lesia si le menu lui convenait, je crois rêver !!

- Pas les légumes !!!
- Mamie te fait des frites ma chérie ?
- Bin voyons, m'exclame je !!
- Ouiiiiii !!!!

Mon regard de travers n'a pas arrêté ma mère qui m'a juste soufflé « ça va ça lui fait plaisir ... »

L'enfant-roi vous connaissez ?? J'imagine que oui mais là c'est carrément abusé ! On est tous manipulé par nos enfants qu'on le veuille ou non mais à une certaine limite.

Ce soir, Lesia dort chez mes parents. J'ai une soirée de prévue avec Antonia et des amies sur le port de Calvi. Lesia a donné ses conditions, elle souhaite que mamie dorme avec elle. Je ne dis rien, mais j'en pense pas moins. J'ai besoin de souffler alors elles se débrouillent !

- Stella ton téléphone sonne, m'annonce mon père !
- Ça doit être Antonia, réponds !
- Elle t'attend déjà au bar !
- Ok dit lui que je pars !
- Allez Lesia, maman va bientôt partir, je reviens te chercher demain quand tu auras fait un gros dodo. Sois sage avec mamie et babbo. Je t'aime plus que la planète Mars et Avril.
- Moi aussi maman je t'aime plus que la planète Mars et Avril !!!

# AU BAR

- Oh Stella ! Ca va depuis le temps ?
- Ca va et toi Antho ?

Antho est le patron du Bar de la Tour, un ami. Son bar est convivial tu t'y sens bien comme à la maison. Des tonneaux en bois servent de tables et sont entourés par de vieux tabourets. La décoration se résume à quelques photos de famille. Ici se produisent des groupes corses plus doués les uns que les autres ! Les touristes qui se baladent sur le port s'arrêtent régulièrement devant pour écouter, regarder et tous ont le sourire.

- Allez « pose » ! qu'est-ce que tu bois ?

- Une zilia pèche pour le moment, merci.

En septembre, la saison prend fin. Il demeure néanmoins un nombre important de touristes ce qui oblige à devoir réserver en amont une table pour ne pas rester accoudés au bar. Être installée confortablement évite également des douleurs aux pieds car avec les copines, nous portons des hauts talons puisque la soirée devrait se finir dans une petite boite de nuit un peu plus loin sur le port.

A notre table, il y a Antonia, ma sœur, la blonde aux yeux bleus qui est commerciale pour une boite de cosmétique ; Lucia la belle brune aux yeux verts avec un corps de rêve qui fait baver tous ses élèves du collège de Calvi ; Francesca la rousse aux yeux marron/orange avec son accent de Castagniccia est infirmière à l'antenne où je bosse ; Magalie la bergère, la vraie paysanne brune toujours avec une queue de cheval et ses mindel aux pieds. Et enfin moi, la petite blonde aux yeux bleus, banale, ni grosse ni maigre. On est comme les 5 doigts de la main depuis la maternelle, aucune de nous n'a passé le cap de la trentaine. Nous sommes toutes célibataires sauf ma sœur qui est en couple avec Andria depuis le collège. Lui est pêcheur. En revanche, je suis la seule à avoir un enfant.

Lucia nous raconte les dernières rumeurs qui tournent dans Calvi, qui trompe qui et surtout avec qui car oui ici tout le monde se connaît mais ça n'empêche pas de se faire tromper !

Quel mec est à nouveau célibataire, en réalité c'est ce qui intéresse surtout l'assemblée ...

Magalie nous raconte sa partie de chasse du week-end dernier et le sanglier en sauce qu'elle a cuisiné. Puis, c'est au tour de Francesca de nous détailler ses ébats sexuels avec son mec du moment, ce qui a la vertu de faire saliver Antonia et Lucia. De mon côté je n'écoute que d'une oreille, je viens de m'apercevoir qu'un mec ne me lâche pas des yeux. Il n'est pas mal, brun aux yeux noisettes. Son style vestimentaire est assez classique, il porte un jean et un tee-shirt manche court blanc col v mais il a quelque chose dans le regard qui me donne envie d'être dans ses bras. Déroutant comme sensation. J'ai comme le besoin de savoir s'il me regarde, je ne sais pas si c'est pour être sûre qu'il m'observe ou parce que je veux vraiment qu'il n'ait d'yeux que pour moi. Mon dieu, il m'a fait un sourire !!! Allez, je m'emballe pas, c'est la première fois en 7 ans que je regarde un homme, du moins que j'échange des regards sans partir en courant alors je respire et je me concentre *sur* la conversation des filles. *Cette fois,* il est question de l'ex de Magalie qui l'a quitté pour sa traitresse de cousine !!!

- Ce gougat en avait marre des brebis il a préféré les vaches, *gronde Magalie* !

- Perso, dit Lucia, je ne comprends pas pourquoi tu n'as pas voulu qu'on leur fasse payer ?

- On aurait au moins pu lui crever les pneus, dit Francesca

- Les filles, y a pire dans la vie, ils n'en valent pas la peine, modère je.

- Non mais toi alors ! me dit Lucia, bien-sûr qu'il y a toujours pire. C'est pas pour autant qu'il faut laisser passer ! Si on t'écoutait, on laisserait toujours tout couler !

- Bref, dit Magalie, ça va faire deux semaines. Je ne leur donne pas beaucoup plus pour rester ensemble, c'était cool l'interdit mais là c'est plus la même !
- Pas faux, rajoute Antonia, on verra bien et puis ce soir on s'en fout on fait la fête !

*Saisissant chacune nos verres,*

- « Salute » les filles ! à nous cinq !
- Santé !!
- A nous.
- Que la soirée commence !
- Commence ? dis-je, moi je suis déjà crevée je rêve de mon lit.
- Commence pas, me gronde Antonia, ça fait une éternité que t'es pas sortie *! Allez cul sec et on va au club !*

# AU CLUB

Je n'ai plus l'habitude des clubs et je ne me sens pas trop à l'aise. J'ai remarqué que le beau gosse avec ses potes sont juste à l'entrée mais je l'ignore.

On s'installe au comptoir et on boit tout en critiquant les filles en jupes trop courtes ou celles qui se croient belles mais qui ne le sont pas.

- Purée vous avez vu Pascale, j'ai l'impression que son nez s'allonge de jour en jour constate Lucia

- Si j'étais elle, je me précipiterais vers une baie vitrée pour me la prendre de pleine face !

- Ptdrr t'es folle oh Stella , mais t'as trop raison

- Non mais sérieux, le viagras ça s'avale ça ne se snif pas !

- Tu me fais rêver Stella, me dit Magalie

- Les filles vous ne m'avez pas dit ! Il me fait un beau cul mon nouveau jean ? demande Francesca

- T'as cru que c'était un jean magique ou quoi ?

- Méchante ! me dit Francesca en grimaçant

- Les filles, j'espère que vous n'êtes pas garés loin de vos voitures, je suis déjà cuite dis-je.

- On voit ça, me répondent en cœur les filles

- De toute façon, moi, j'aimerais être réincarnée en mouette

- Pourquoi? me demande Lucia.

- Je me posterai devant un coiffeur et je me soulagerais sur toutes celles qui en sortent.

- Purée, dit Antonia, si les gens se réincarnent en mouette, j'ai plutôt intérêt à sortir avec un parapluie toute l'année !

- C'est clair mdr

- Salut, ça te dit qu'on échange nos numéros ? demande un mec à Lucia

- Non merci, j'aime bien le mien !

- Je pleure de rire Francesca, comme t'es folle, il est parti dégoûté !

- Au fait Stella, tu avais que ça à te mettre ? ? Sérieux, tu as vu comme ton pull est moche !

- Francesca, contrairement à ta gueule, je peux l'enlever !

- Pow comme t'es méchante.

- Merci.

- A merde, tu le prends mal ? Je suis désolée je pensais que tu le savais déjà ...

-       Hahaha, allez, moi je suis crevée, je rentre me coucher soyez sage les filles ...

-       Attends Stella, je te raccompagne chez toi, me dit Antonia.

-       Bisous les filles.

En partant, je croise le regard du beau gosse. Antonia m'a raccompagnée devant ma porte. Je suis tombée de fatigue et me suis endormie encore habillée. J'ai rêvé de cet inconnu. Il venait me parler à l'oreille, j'en avais des frissons. On s'est juste parlé mais je ne me souviens plus de quoi. Je garde en mémoire qu'on était proche, très proche. Je sens encore son souffle contre ma nuque, sa main sur mon bras en me faisant la bise. Encore des frissons dont je ne sais pas s'ils étaient dus à l'excitation ou à de la méfiance. Je me suis réveillée en pensant à lui. Je pense qu'il va me hanter quelques temps, le problème avec un mec à qui tu penses sans le connaître est que tu l'idéalises. Ensuite tu es forcement déçue. Je vais devoir me forcer à l'oublier si j'en veux plus !

Le lendemain, en début d'après-midi je récupère Lesia chez mes parents. Puis, nous allons au tabac de la porteuse d'eau pour que je m'achète un nouveau livre. Nous appelons ce tabac comme cela car il se situe en face de la statue emblématique créer au début du vingtième siècle par le sculpteur et médailleur Louis Patriarche en hommage aux femmes corse qui ont consacré leur vie à la famille au travail et qui ont fait face aux lourdes pertes de la première guerre mondiale. Arrivées devant la porte, l'inconnu de cette nuit me l'ouvre. Surpris, on s'est regardé muets. Décidément, je vais avoir du mal à l'oublier si je le croise aussi souvent !

# PREMIER «BOBO »

C'est Lundi, il est 16h20, je dois récupérer Lesia à 16h30 à l'école. Je m'étonne que nous, parents, ne soyons pas plus nombreux à attendre devant le portail. D'ailleurs il n'y a que des parents d'enfants de CP. A croire, qu'à partir du CE1, les parents considèrent leurs enfants assez grands pour être récupérés sur le passage piéton à la va vite ! Je vois Lesia en rang la tête baissée. Elle me semble bizarre, ce n'est pas son habitude. Enfin elle me regarde. Je comprends qu'il y a un problème. Dès qu'elle me rejoint je lui demande si ça va. En guise de réponse, elle se contente d'un simple hochement de la tête de bas en haut. J'insiste

- Qu'est ce qui ne va pas Lesia ?
- Rien.

- Je vois bien qu'il y a un souci, dis moi ma chérie, tu sais bien que tu peux tout me dire
- Je ne veux plus aller à l'école.
- Pourquoi ? Quelqu'un t'embête ?
- Oui
- Qui ?
- ...
- Dis moi ! C'est un plus grand ? Une fille ? Un garçon ?
- Non c'est personne.
- Lesia, il faut que tu me le dises, il ne faut pas se laisser faire !
- Lesia, dit à maman, dit moi qui c'est.
- Je veux plus aller à l'école c'est tout !
- Bon et bien demain, j'irai voir ton maître pour l'avertir, comme ça il fera attention si on t'embête de nouveau.
- NON !!!

- Lesia, je ne peux pas rester sans rien faire si tu ne veux pas me dire qui t'ennuie !
- Non maman s'il te plait !
- Bon d'accord mais si ça se reproduit je veux que tu me dises qui c'est, promis ?
- Oui
- Allez viens, on va manger une crêpe avec une boule de glace vanille tu veux ?
- OUIIIII, s'exclame t-elle.

Tourmentée, j'ai passé une nuit agitée. Je n'accepterais jamais qu'on s'en prenne à ma fille que ce soit un gosse ou pas, c'est pareil. Il faut qu'elle se défende ou qu'elle ait le réflexe d'avertir un adulte, mais il est hors de question d'aller à l'école avec angoisse ou de ne plus vouloir y allez du tout à cause d'un merdeux ! Alors, ce matin, je lui répète les bons conseils et la conduite à tenir en cas de problème. Au fond de moi, j'espère que c'était juste un mauvais jour et que tout va rentrer dans l'ordre. Je mène Lesia à l'école puis me rends à mon travail. La journée se déroule convenablement jusqu'à ce que mon portable sonne. C'est l'école :

- Madame Matteï

- Oui.

- Ici la directrice de l'école Loviconi, je vous appelle car il y a eu un petit souci avec Lesia.

- Elle va bien ??

- Oui oui, mais elle a poussé un élève de sa classe pendant la récréation, le jeune garçon a chuté et elle s'est acharnée en lui donnant des coups de pieds quand il était à terre !

- Excusez-moi mais on parle bien de ma fille Lesia ?

- Oui, donc il faudrait vous présenter à l'école à 14h. Les parents de l'autre élève seront là.

Ainsi, ensemble nous pourrons comprendre son geste.

- Oui oui bien-sûr je serai là, répondis-je choquée d'une voix tremblante

- Merci à tout à l'heure.

Je me présente à l'école à 13H50, déterminée à comprendre et à défendre ma fille.

Dans un premier temps, la directrice nous reçoit entre parents. Je ne ressens aucune haine de la part des parents de ce fameux Tony. Je tente de leur expliquer que je ne comprends pas le geste de Lesia, que ça ne lui ressemble absolument pas. Elle n'est pas du tout agressive, bien au contraire, c'est d'ordinaire une petite fille très gentille et douce. Eux me présentent leur fils comme un garçon assez bagarreur mais sont étonnés que le grief concerne une fille. Ça ne s'est jamais produit auparavant d'autant qu'il a une petite sœur envers laquelle il est très protecteur. Dans un second temps, la directrice souhaite nous réunir en présence des enfants. Elle va chercher Tony et Lesia. A peine m'a-t-elle aperçue, que Lesia se lance sur moi en pleurant. Je l'enlace et la réconforte dans mes bras et l'émotion passée, je l'interroge sur ce qu'il s'est passé :

- Lesia pourquoi as-tu fais du mal Tony ?

- Il m'embête ! répondit-elle les yeux encore humides

- C'est déjà lui qui t'as embêté hier ?

- ...

- Lesia, il faut que tu nous dises, s'il t'embête, tu dois le dire, tu ne peux pas le taper comme tu l'as fait !

- ....

- Hier quand je l'ai récupérée elle s'est plainte de s'être fait embêter mais elle n'a pas voulu me dire par qui.

- Tony c'est toi qui l'as embêté hier ? lui demandèrent sa mère.
- Non ! Elle est méchante, c'est une menteuse ! Elle m'a sauté dessus, j'ai rien fait du tout !!
- Bon, dis-je, Lesia tu t'excuses et tu promets que ça ne se reproduira pas !
- ....
- Lesia ! m'exclamais-je en grossissant les yeux
- Pardon dit-elle d'une voix à peine audible et en baissant la tête

La directrice reconduit les enfants en classe. Quand elle revient elle m'explique qu'elle met un point d'honneur à ce que les enfants se sentent en sécurité dans l'école. Même si l'histoire n'est pas très grave, elle préfère "annihiler le problème dès sa genèse pour éviter que ça ne s'envenime ou que cela inspire d'autres enfants" comme elle dit. Je trouve cela très responsable alors je m'excuse encore en lieu et place de ma fille pour le désagrément causé avant de repartir retrouver mon poste de travail.

Les jours passent et l'histoire me semble vite oubliée. Me voilà rassurée pour ça, d'autant que la mère de Tony me salue devant l'école. Toutefois, je sens Lesia plutôt renfermée. Le soir, pour doper son moral, je lui concocte un de ses menus préférés : Chocolat au lait et céréales en guise de dîner. S'ensuit un bon bain chaud avant d'aller au lit. Mais à cette occasion, je remarque des bleus sur ses bras :

- Lesia c'est quoi tous ces bleus ?

- ...

- Tu t'es fait ça comment ?

- Je suis tombée à la récrée

- Tu es sûre ?

- Oui

- Tu me le dis si Tony ou un autre t'as fait ça ?

- Mais oui ! Je suis tombée c'est tout !

- D'accord.

Je doute de sa sincérité. Autant de bleus en tombant, sans égratignures, sans qu'il y en ait sur ses jambes. Demain j'irai quand même avertir la directrice.


C'est enfin les vacances de la Toussaint. J'ai posé quelques jours pour pouvoir profiter d'être avec ma fille. Ce break m'a permise de la retrouver épanouie et joyeuse. Ça fait du bien. J'espère que ça perdurera après la reprise des classes car les deux semaines sont passé comme un éclair et demain c'est déjà la rentrée. Ce soir, c'est resto entre filles avec Lesia et Antonia car son homme part à la pêche tôt demain matin.

On mange dans un restaurant sur le boulevard Wilson de Calvi où sont servis des produits locaux. J'ai demandé à Antonia de ne pas évoquer l'école alors on parle de tout et de rien, une soirée entre filles comme je les aime. Lesia, elle, est fascinée par une poupée grandeur nature représentant une mémé fixée devant le restaurant. On rigole, on passe une bonne soirée. Maintenant qu'on a mangé à en avoir les boutons du jean qui menacent de s'arracher, on rentre à la maison à pied. Généralement, j'ai toujours peur de marcher dans la rue la nuit tombée mais à cette période de l'année il n'y a que des locaux alors je me le permets. Et puis, il faut affronter ses peurs. Nous déambulons Lesia et moi main dans la main, nous gravissons les escaliers de la citadelle. A un angle de ruelles, j'entends un bruit éphémère et crispant, je me retourne, je serre machinalement la main de Lesia, je suis traversée d'une sueur froide. Je ne veux pas effrayer la petite alors je prends sur moi mais je ne peux pas m'empêcher d'accélérer le pas. Ouf ! Enfin chez nous ! Je ferme à double tour, je vérifie par la fenêtre qui donne en contrebas que personne ne nous ait suivis. Personne ! Rassurée, je peux aller me coucher, Lesia est déjà endormie, elle était épuisée ma chérie.

Je m'endors en repensant à cet inconnu que j'ai eu la chance d'apercevoir en voiture ce matin. Je m'imagine dans sa voiture à longer les côtes calvaises, à converser, à admirer son regard se poser sur moi, à contempler son sourire... bref je veux être avec lui dans mon rêve cette nuit. Au réveil, j'en suis convaincue : il me faut son nom !

A midi, je déjeune avec les filles dans un restaurant du port. Au moment où Antonia m'accompagne aux toilettes, ce bel inconnu qui a partagé ma nuit passe devant nous. Surprise, je vois qu'Antonia lui fait un signe de la main.

- C'est qui ?
- Bah c'est Julien, c'est lui qui conduit les bus scolaires.

- Ok, je *connais* pas.

Je me demande comment elle le connaît mais bon pendant mes années d'étude à Aix-en-Provence ma sœur s'est faite de nouveaux amis. De retour à table, je me précipite sur mon téléphone, je le recherche comme une vraie enquêtrice sur les réseaux sociaux. Forcément, je trouve sa page Facebook. Photo de profil : il n'y a pas à dire, il est aussi beau en photo qu'en vrai ; aucune information sur sa situation amoureuse ; ses photos : je ne dois pas avoir accès à tout mais déjà il n'y a pas de femme, juste une enfant qui doit être sa nièce. S'il aime les enfants, c'est un bon point.

Finalement, j'ai déjà pas mal d'infos sur lui, je connais sa voiture, c'est un 4x4 vert. Je sais comment il s'appelle et où il travaille, je ne pense pas qu'il en sache autant sur moi si du moins ça l'intéresse !

Les jours suivants se sont déroulés assez normalement Lesia n'a eu aucun souci à l'école. Mon boulot me plaît toujours autant et nos samedis chez mes parents sont fidèles à eux- mêmes.

# Petit, petit souci mon œil

Aujourd'hui, je vais chercher Lesia accompagnée de ma sœur. On est devant le portail et on attend. Quand Lesia voit Antonia, elle court et lui saute dessus. J'aime la complicité qu'elles ont toutes les deux. Je regrette qu'elle ne puisse pas avoir d'enfant, jamais elle ne connaîtra cette sensation d'être comme moi, maman. Alors que je décharge Lesia de son cartable, je remarque que celui-ci est abimé, éraflé sur presque tous les côtés, une roulette est manquante et les 3 restantes en piteux état.

- Lesia pourquoi ton cartable est dans cet état ?
- Je sais pas
- Comment ça tu ne sais pas ?
- Quand je l'ai repris il était comme ça !
- Tu l'as dit à ton maître ?

- Non.

- Bon, j'irai le voir demain.

- NON !!!

- Oui Lesia tu ne peux pas te faire abîmer tes affaires sans rien dire !

- Et oui Lesia, maman a raison, il faut le dire quand tu vois qu'on t'a abîmé tes affaires ajoute Antonia

- D'accord ...soupire t elle

- Allez, on va se promener et t'acheter un nouveau cartable pour demain.

Le lendemain, je suis allée voir son maître en lui montrant les photos que j'avais prises avec mon téléphone. Il m'a promis qu'il essaiera de savoir quel élève est responsable de cette détérioration et qu'il sera vigilent à l'avenir.

Ce soir, c'est soirée devoirs, pas facile l'apprentissage de l'écriture mais Lesia écoute et elle est plutôt bonne élève. C'est donc avec surprise que je découvre sa trousse vide.

- Lesia, où sont tes stylos ?
- Je sais pas.
- Tu les as oubliés à l'école ?
- Non, ma trousse était vide alors le maître m'a prêté un stylo.
- Lesia, je ne comprends pas, je t'ai acheté plein de stylos et tout le reste, c'est où ?
- JE SAIS PAS !
- C'est fatiguant maintenant ! Si quelqu'un t'embête à l'école ou te pique tes affaires il faut me le dire !
- ...
- Bon je retournerai voir ton maître jeudi
- ...

Je téléphone à Antonia pour partager mes inquiétudes et avoir des conseils. Elle pense comme moi, qu'un gosse en a après Lesia. Il faut que je règle le problème au plus vite. Ça commence à me coûter cher cette histoire !

Maintenant, pour m'endormir, j'ai mon petit rituel, je pense à Julien. Ce soir, j'imagine que je rentre dans un bar ; qu'il est attablé en compagnie de ma sœur et d'Andria, il me demande de les rejoindre. Je m'installe près de lui. Il rapproche sa chaise de la mienne, il ne parle presque pas. Il joue le timide mais il écoute, me lance des regards doux. Quand un client passe en me regardant ou qu'on me parle, je l'imagine se crisper et j'aime ça ! Je ne me souviens jamais de la suite mais je me réveille à chaque fois de bonne humeur en pensant encore à lui. Ce doux moment est écourté par Lesia qui, réveillée, se précipite dans ma chambre et saute sur mon lit

- JOYEUX ANNIVERSAIRE MAMAN !!!!

- Merci ma chérie, j'ai le droit à un bisou d'amour d'anniversaire ?
- OUIIII !!!!

Avec Lesia, nous nous sommes fait un énorme petit déjeuner d'anniversaire. Croissants et pains au chocolat que j'ai décongelés. Ils sont super bons. J'ai pris l'habitude d'acheter ceux-là quand on a la flegme d'aller à la boulangerie, le tout accompagné d'un bon jus d'oranges pressées. Nous passons un si bon moment que je n'ai pas vu l'heure tourner. Nous nous sommes donc dépêchés pour être à temps pour l'école.

Je suis devant l'école et je demande à rencontrer le maître de Lesia :

- Bonjour, je viens vous voir suite à un nouveau souci, Lesia n'avait plus aucun stylo dans sa trousse mardi soir.
- Oui, je me souviens, je lui ai prêté un des miens.
- Le problème, c'est que le matin, sa trousse était pleine.
- A bon ? j'ai pensé qu'elle les avait oubliés chez vous, elle ne m'a rien dit.
- Son cartable, maintenant les stylos, je pense qu'un élève en a après elle
- Vous a-t-elle dit lequel ?
- Non ! Elle ne veut rien me dire. Ça commence à être pénible.
- Je comprends. Je vais être encore plus vigilant et faire part de ces problèmes à l'ensemble de l'équipe pédagogique puis j'irai lui parler peut-être qu'elle me dira qui est cet élève.
- Merci

- Je vous en prie, bonne journée

- Bonne journée.

J'espère qu'il va réellement être plus vigilant, je commence vraiment à en avoir marre maintenant, c'est impensable que personne ne se rende compte de rien ! Je sais bien que ma fille n'est pas le seul enfant à surveiller mais dans un cas comme celui-là ils devraient être plus attentifs, je ne pense pas demander la lune !

En pause au boulot avec Francesca, je lui raconte les problèmes que Lesia rencontre à l'école. Elle me rassure et elle me dit qu'avec le temps, je finirai par savoir le fin mot de cette histoire. Puis, elle se livre à son tour et me raconte qu'avec son plan cul c'est fini :

- Il commençait à s'attacher.

- Merde.

- Ouai, je suis dégoûtée, ça roulait bien c'est dommage.
- Mais pourquoi tu ne veux pas de relation sérieuse ?
- C'est trop d'engagement et je ne suis pas prête.
- Tu seras prête quand ce sera le bon ma chérie.
- J'espère ...

Ma mère a voulu que j'aille la chercher pour qu'on récupère Lesia ensemble à l'école, elle va être super contente.

- Madame j'aimerais vous parler, me dit la directrice.

Inquiètes, avec ma mère, nous la suivons dans son bureau. Lesia attend déjà devant.

- Qu'est-ce qu'il se passe ?
- Ce matin vous avez fait part des ennuis de Lesia à son maître ?
- Oui pourquoi ? Que se passe-t-il ?

- Au moment de la récréation nous avons entendu des hurlements provenant de sa classe. Nous nous sommes précipités, et quand nous sommes arrivés Lesia était recroquevillée dans un coin de la classe en compagnie de son maître.

- Pardon ? Vous m'inquiétez là ! Pourquoi ?

- Il nous a expliqué votre conversation de ce matin et au moment de la récréation il lui a demandé de rester pour essayer de savoir qui était l'élève qui l'ennuyait. Elle s'est mise à hurler, à pleurer. Quand on lui a demandé pourquoi elle se mettait dans un état pareil, elle n'a pas voulu nous répondre, alors, on a insisté en lui disant que si elle ne répondait pas on vous appellerait.

- ET ?

- Elle nous a répondu qu'elle a eu peur, mais de quoi, on ne sait pas. Alors, on va la faire entrer pour voir si en votre présence, elle est plus loquace.
- D'accord
- Lesia rentre, dit gentiment la directrice.
- Ma chérie ça va ?
- Oui.
- Qu'est-ce qu'il s'est passé avec ton maître ?
- Il a voulu que je reste avec lui mais je veux pas.
- Pourquoi ?
- Je sais pas.
- Comment ça tu ne sais pas ? il t'a fait quelque chose ?
- Non, je voulais aller jouer.
- Mais pourquoi tu t'es mise dans un tel état au lieu de l'écouter après tu serais allée jouer.
- …

- Lesia, ça peut être très grave de réagir comme ça juste pour aller jouer !
- Je suis désolée.
- Lesia retourne dehors s'il te plaît, je vais parler encore avec ta maman.
- Je ne comprends pas son comportement je suis désolée.
- A-t-elle un modèle masculin à la maison ?
- Non, mais elle voit souvent mon père.
- Je pense qu'elle n'a pas pour habitude d'être confrontée à un homme et ça peut être ça la source du problème.
- Vous croyez? Je vais faire le nécessaire.
- Vous pouvez aussi vous renseigner sur les pédopsychiatres. Je peux vous en conseiller une qui consulte à Ile Rousse, elle est très bien.
- Oui merci.

- Et nous, de notre côté, on va être plus vigilants pour qu'elle ne soit plus ennuyée par ses camarades.
- Merci, bonne soirée.

Ma mère n'a pas dit un mot de tout l'entretien.

Quand je rentre chez moi après l'avoir raccompagnée, mon téléphone sonne, c'est elle :

- Ma fille, je suis désolée de te demander ça mais...
- Quoi maman ?
- Tu n'as rien dit à Lesia ?
- Maman tu me prends pour qui ? Ca va pas Non ! Bien-sûr que non !
- Je suis désolée, elle n'aurait pas surpris une conversation ou autre chose ?
- Non maman, ce n'est pas un sujet dont je parle alors s'il te plaît oublie ça ! C'est juste un gros caprice d'enfant unique pourri gâté.

- J'espère …
- Bon, allez maman, je te laisse je vais préparer le repas !

J'ai coupé court à la discussion, ma mère s'inquiète pour rien.

On a dîné dans le calme, je ne lui ai pas reparlé de cette histoire, je veux qu'on oublie tout ça pour repartir sur de bonnes bases. D'ailleurs, depuis quand un manque de modèle masculin conduit à être violent, c'est tout simplement que ce garçon la provoquait depuis quelques temps, elle s'est défendue, point barre. Certes, elle n'y est pas allée de main morte mais je suis heureuse de savoir que ma fille ne se laisse pas faire. Quitte à choisir je préfère être la mère d'une enfant qui se bât plutôt

que la mère d'une enfant harcelée mais je garde

qu'en même en vue que ce serait bien qu'elle passe

plus de temps avec des hommes. Cela ne lui ferait

pas de mal.

Demain soir, c'est vendredi et je sors pour fêter mon

anniversaire. Lesia ira dormir chez mes parents. Ma

sœur ne veut rien me dire sur notre programme de

sortie, ni avec qui. Moi qui déteste les surprises,

j'espère qu'il n'y aura que nous cinq. Mais la

connaissant, elle aime faire les choses en grand et

puis c'est quand même mes 30 ans alors je ne pense

pas qu'on aille juste boire un coup au bar d'Antho. Enfin je verrai bien.

Maintenant que la petite est couchée, je prends la direction de ma chambre et me jette sur mon énorme lit pour me perdre dans mes huit coussins. Je me languis toute la journée ce moment pour pouvoir me poser et penser tranquillement à mon beau brun. Mais bien souvent, à peine ai-je commencé à l'imaginer que je dors déjà.

Le lendemain, au petit matin, Lesia me saute dessus au réveil. Elle est toute excitée à l'idée que ce soir elle dorme chez babbo et mamie. De plus, ce soir, c'est le week-end, soit deux jours sans école. Quand on est à l'école, on rêve de ne plus y aller et quand

on n'y va plus, on rêve dit retourner.

# AU BOULOT

C'est plus calme maintenant que tous les touristes ont quitté Calvi. Moi je suis derrière mon bureau et une vitre me sépare des arrivants des urgences pas comme Francesca qui n'en peut plus de tous ces ingrats qui ne savent que se plaindre « c'est trop long, c'est des incompétents ...»

Les pompiers viennent d'arriver avec une dame âgée sur un brancard. Quand ils me donnent les papiers de cette femme en attente de soin, je reconnais le nom de famille de Julien. Certes, ici, beaucoup ont le même nom mais j'ai tout de suite eu l'intuition que cette patiente était de sa famille. Je ne me suis pas trompée. Deux minutes plus tard, il était là, l'air paniqué :

- Bonjour, ma grand-mère vient d'être admise, je peux la voir ?
- Bonjour, je me renseigne et je reviens vers vous
- Merci

Je suis allée voir Francesca pour obtenir les renseignements rapidement. Quand je reviens il s'impatiente debout devant l'espace d'accueil.

- Suite à sa chute, les soignants suspectent qu'elle se soit fêlée le coccyx. Ils vont commencer par lui faire une radio. Ensuite, vous pourrez rester auprès d'elle, lui dis-je.
- Merci beaucoup.
- Je vous en prie, installez-vous, je vous préviendrai quand vous pourrez la retrouver, lui dis-je en rougissant, enfin je le suppose vue la

chaleur qui m'envahi en prononçant cette phrase.

Il a l'air dans tous ses états, ça prouve que la famille compte beaucoup pour lui et j'aime énormément ça. J'espère qu'il n'a pas senti que ma voix tremblait quand je lui ai parlé car j'avais le cœur qui battait si vite que j'ai pensé finir comme patiente. Il est si beau, j'aimerais qu'il reste dans la salle d'attente juste pour pouvoir le regarder à ma guise. Au bout d'une heure, il sort et en partant me dit : « Merci à tout à l'heure », sûrement pense-t-il que je passe la nuit ici. Je finis mon service dans trente minutes, je ne le reverrai pas, dommage.

# MES 30 ANS

Ma mère a récupéré Lesia à l'école, moi je finissais trop tard. Je passe chez eux juste après le boulot, le temps de lui faire un bisou avant de rentrer chez moi me préparer pour fêter mon anniversaire.

Je déteste rentrer à la maison toute seule et j'en ai surtout marre de monter les trois étages de ce vieil immeuble. Pour espérer avoir un ascenseur, il faudrait un consensus unanime des propriétaires mais certains n'en ont pas les moyens alors, pour l'instant, je me sers de mes jambes. Quand je dis chez moi, je parle d'un grand appartement de 120m². J'ai conservé tous les meubles de mon grand-père, de vieux meubles en bois très imposants et abîmés mais je n'arrive pas à m'en défaire. Aussi, j'ai ajouté des tapis et un énorme canapé en tissu marron que j'adore recouvert de plusieurs plaids tout doux ou j'adore m'allonger les soirs d'hiver devant la télé et la cheminée. J'en ai fait un endroit cocoon. Mon entrée s'ouvre directement sur mon salon dont les murs sont en pierre avec une énorme cuisine ouverte dans laquelle je mets rarement les pieds. Tous les meubles ont été repeints en noir récemment. Dans la continuité il y a ma chambre et celle de Lesia qui se rejoignent par une salle de bain commune, dans ma chambre j'ai un dressing et je suis assise devant sur mon gros pouf à chercher ce que je vais bien pouvoir mettre ce soir. Antonia m'a conseillé de mettre une robe et des talons mais j'ai peur de ne pas être à l'aise et devoir rester assise toute la soirée. Alors ce sera robe avec des baskets ou jean avec des bottes. Je ne vous dirais pas ce que j'ai choisi comme ça vous choisirez vous même et vous m'imaginerez habillée comme vous en avez décidé.

Ma sœur m'a demandé de la rejoindre directement au bar d'Antho. Quand j'entre, la musique Lady Marmalade de « La Belle » commence. Debout, à côté de ma sœur, il est là, oui Julien est là, il me regarde. J'espère que vous m'avez trouvé une tenue qui tue car vu le contexte j'ai plutôt intérêt d'être canon ! Maintenant je comprends le « à tout à l'heure », je ne m'y attendais vraiment pas. J'ai soudain un doute, soit je n'ai pas assez d'amis et c'est pour ça qu'elle l'a invité soit elle a déduit de ma question de l'autre fois qu'il me plaisait. J'en saurai plus après. Pour l'instant, j'embrasse et remercie tout le monde d'être présent pour moi. Quand j'arrive à lui, il a l'air mal à l'aise. Normalement, c'est moi qui suis timide ou réservée, mais face à quelqu'un dans le même cas, je surmonte plus facilement cette difficulté et suis rapidement en confiance :

- Bon anniversaire Stella, me déclare t-il, gêné.
- Merci et merci d'être là malgré l'hospitalisation de ta grand-mère, j'espère qu'elle ne souffre pas trop.
- Elle a mal mais rien de grave donc ça va, merci.

Je ne savais plus quoi dire alors je suis passée au suivant, il y a Francesca, Magalie, Lucia, mon beau-frère, ma sœur et bien sûr Antho. Ça va, elle n'en n'a pas trop fait, je suis rassurée. La soirée est sympathique, on est tous à une table, on parle de tout et de rien, on me traite de vieille toute la soirée. Vous allez vous demander pourquoi c'est seulement mon anniversaire alors que nous sommes sœurs jumelles mais nous ne sommes pas comme les autres jumelles, nous sommes nées avec trois semaines d'écart ! Alors madame se sent jeune et en profite chaque année. Les filles sont toutes en robe et talon. Elles sont magnifiques. Je suis heureuse de ces moments de la vie où les gens qu'on aime nous entourent. Je vous explique le plan de table, à ma droite il y a Francesca, à ma gauche Magalie à coté de Francesca il y a Lucia, à coté de Magalie c'est Antho puis mon bof, ma sœur et Julien. La table est ronde vous savez c'est un tonneau donc en gros Julien n'est pas en face directement mais légèrement sur la gauche donc je ne peux que le voir. Je me sens observée et lui doit l'être aussi. Quand ce n'est pas lui c'est moi, parfois les deux en même temps mais on échange aucun sourire, il s'agit juste de regards, à se demander à quoi ils correspondent. Ces regards là valent tous les sourires du monde. Maintenant, vient le moment où des anecdotes sur moi petite sont dévoilées. Tout le monde les connait vu qu'on a tous grandit ensemble à part Julien qui lui écoute et sourit par moment, maintenant que tout est dit ça passe à l'âge adulte ...

- Pour moi ta plus belle qualité, me dit Lucia, c'est ton humour
- C'est vrai, dit Francesca, tu nous fais toujours rire, je ne sais pas où tu trouves tout ça !
- Ah oui, tu es notre reine des fous rires, dit Magalie.

- Et au collège quand la prof de Français nous a demandé « si je vous dit : je suis belle c'est à quel temps » et qu'elle a répondu « sûrement au passé ! » j'ai cru mourir de rire, avec toi on ne s'ennuie pas, me dit Antonia.

- Bon ! C'est bon ! Assez parlé de moi, on les connaît toutes mes conneries.

- Oh purée et le prof de Math, il s'appelait M. Cabri, elle est rentrée dans sa classe et elle s'est mise à faire le béguètement, il a pété un câble, il l'a mise au milieu de la cours de récré et l'a forcée à le refaire sinon elle était collée !

- Et la fois où elle a enfermé la prof de Français dans le cagibi de la classe pendant plus d'une heure !!!

- Hahaha c'est vrai j'en ai fait pas mal, c'était la belle époque, j'espère que Lesia ne fera pas tout ça !

- Bon, raconte nous une blague et on arrête avec les histoires sur toi, me lance Antonia.
- Ok ! pourquoi une blonde lave un pull en laine avec du dentifrice ?
- Je ne sais pas, dit Antonia
- Pareil, suit Francesca
- Alors dit ! S'impatiente Lucia
- Car ça renforce les mailles et ça rafraîchi la laine !
- Hahaha trop bête ces blondes !
- Ta gueule Francesca t'en veux sur les rousses ? dit Antonia
- Non, c'est bon haha ...
- Allez trinquons à tes 30 ans ma belle, dit Magalie.
- Santé !
- A salute !!!

- Tu sais quel est le problème avec la jeunesse d'aujourd'hui Stella ?
- Non.
- C'est que tu n'en fais plus partie hahahaha!!!
- Très drôle Antonia ! Dans moins de trois semaines, c'est ton tour, vas y profites !
- Mais au fait Julien, tu ne connais pas Stella ! dit mon bof.
- Non, mais Antonia m'a beaucoup parlé d'elle.
- J'imagine et puis avec tout ce que tu entends ce soir tu en connais déjà pas mal, dis je.

Il m'a fait un sourire timide, j'ai l'impression que c'est un guet-apens. Il faut que j'arrive à être seule avec Antonia pour en savoir plus.

- Antonia, tu viens aux toilettes avec moi?
- Ouai

Avec Antonia, nous nous excusons et promettons de vite revenir. A peine sommes nous seule que j'attaque :

- C'est quoi ça ?

- Quoi ??

- Ne fait pas l'imbécile ! Pourquoi Julien est là ?

- Il a posé des questions sur toi à Andria alors on l'a invité.

- Quoi comme questions ?

- T'inquiète, rien de spéciale, juste si tu as quelqu'un, où tu travailles ...

- Et bien sûr, toi tu ne me dis rien, tu l'invites et tu pensais que je n'allais rien capter ?

- Ca va, on n'a rien fait de mal, tu lui plais et j'ai bien vu que lui aussi te plaît !

- J'avoue mais je ne sais pas si je suis prête.

- Je comprends mais tu peux déjà apprendre à le connaître non ?

- On verra ! Allez on y retourne, la star de la soirée est attendue.

Quand je reviens, ma place a été prise par Antho, je dois donc m'asseoir à sa place, c'est-à-dire à côté de Julien ... Ils sont tous dans le coup !! Mais ça ne me dérange pas plus que ça comme ça on pourra peut-être se parler. S'il n'est pas trop mal à l'aise et décide de s'ouvrir...

La soirée se passe bien, on rigole, Antho ne passe que des musiques que j'aime des années 80 et surtout ma préférée « Tu m'oublieras » de Larusso. Avec les filles, on se met à chanter dessus comme des folles, les mecs se moquent de nous. Eux, à part les champs corses, ils n'aiment rien ! Moi aussi j'aime, mais pas toute une soirée !

C'est plus compliqué d'échanger des regards avec Julien vu qu'il est à côté de moi mais je sens son odeur et on se frôle très souvent le bras, ma sœur n'arrête pas de me lancer des regards avec un sourire taquin. Elle voit chaque frôlement de bras. Celle-là, elle aurait dû être flic ! Les heures passent, les bouteilles aussi. La soirée touche à sa fin, on est tous morts. On se fait tous un bisou, je remercie tout le monde et je demande à Antonia de me raccompagner chez moi. Le bar se trouve au début du port en bas de la citadelle, je récupérerai ma voiture demain matin, une petite marche me permettra de récupérer.

- Tu veux que je te raccompagne ? me propose Julien

- C'est gentil mais Antonia me ramène.

- Comme tu veux Stella …. me dit Antonia avec des gros yeux.

- Bon, ok alors

En se dirigeant vers les voitures, Antonia me chuchote à l'oreille de ne pas stresser car c'est quelqu'un de bien et je lui réponds qu'il vaut mieux pour elle ! Arrivée devant son 4x4 il m'ouvre la portière

- Ca existe encore des hommes qui ouvrent les portières pour les femmes ?

- Apparemment oui.

- Merci.

Il monte à son tour, mais je sens que si je ne parle pas la première le retour risque d'être très gênant alors je me lance comme je peux mais je sais que le

courage vient de l'alcool :

- Merci de me raccompagner.
- Ca me fait plaisir.
- Et merci d'être venu ce soir aussi.
- Merci surtout à ta sœur de m'avoir invité.
- Oui pas faux.


- Stella, j'aimerais mieux de connaître, connaître encore plus d'anecdotes sur toi si tu es d'accord.
- Tu en connais déjà beaucoup avec ce soir, lui dis-je en plaisantant.
- Oui et ça me donne envie d'en connaître davantage à ton sujet, je ne veux pas te brusquer, prends le temps d'y réfléchir.
- D'accord, je vais y penser.

- Pas trop longtemps j'espère, parce que ça va être une attente insoutenable pour moi dit-il en se tenant le cœur.
- Promis !
- Parfait.
- On y est, j'habite ici.
- A très vite alors.
- Oui, bonne nuit
- Bonne nuit Stella.

Je viens de passer ma porte et déjà je regrette, de lui donner de l'espoir, de ne pas l'avoir fait monter pour un dernier verre, de ne pas l'avoir envoyé chier, de ne pas l'avoir embrassé ! Enfin bref, je ne sais pas ce que je veux alors, au final, j'ai bien réagi ! Je vais me coucher en pensant à toute cette soirée et surtout à Julien.

# TROP C'EST TROP

Je dors à peine quelques heures car je dois manger chez mes parents à midi. Le réveil est difficile mais ça valait le coup. Marcher pour récupérer ma voiture m'offre un bol d'air frais et me fais le plus grand bien. Arrivée chez mes parents, Lesia joue avec la tablette, assise dans le canapé en cuir beige, mon père regarde son émission de culture générale et ma mère prépare le déjeuner. Moi je ne suis encore patraque mais je sais qu'après le repas et une bonne sieste ça ira mieux. Ma mère a fait du sanglier en sauce avec des spaghettis, ça sent super bon dans la maison. Mes parents me demandent comment s'est passée la soirée alors je leur raconte les grandes lignes et eux me racontent leur soirée avec Lesia.

Heureusement que mes parents sont présents pour Lesia et moi. Ca m'offre la possibilité de pouvoir souffler de temps en temps, c'est dur d'être mère célibataire mais bon c'est aussi tellement un bonheur. Après s'être régalés, on rentre à la maison se reposer sur le canapé devant un dessin animé que Lesia adore et je ne vous cache pas que j'adore la chanson. Elle parle de deux sœurs dont une a des pouvoirs avec la glace. On s'endort à la moitié.

La sieste terminée, je suis vite rattrapée par mes responsabilités de chef de famille. Pendant que je prépare le dîner je pense à Julien. Je ne sais pas quoi faire alors j'appelle Antonia

- Salut la vieille.

- Vas-y profites, tu n'as plus beaucoup de temps.

- Alors avec Julien ???

- Haha je t'appelle justement pour ça.

- Raconte-moi tout, absolument tout, avec les détails.

Je raconte donc le retour en voiture et lui fais part de mes doutes et hésitations au moment de rentrer dans mon appartement.

- Tu penses faire quoi alors ?
- Je ne sais pas, je t'appelais justement pour avoir des conseils.
- Pour ne pas les appliquer ?
- Haha je ne sais vraiment pas quoi faire. Il me plaît mais je ne sais pas si je suis prête et puis il y a Lesia.
- Il ne t'a pas demandé en mariage que je sache ! Tu peux le voir et tu aviseras plus tard quand tu seras sûre pour faire les présentations.
- Mouai ...

- Tu penses à lui ?

- Oui …

- Il te plaît ?

- Oui …

- Tu te sens bien avec lui ?

- Oui …

- Alors fonce ma chérie ! Ne réfléchis pas trop et sois heureuse un peu, tu le mérites.

- Tu as raison, je vais essayer et puis je verrai bien.

- C'est génial ! Je suis tellement heureuse Stella et je veux tout savoir, le moindre texto et tout et tout !

- Haha ! Oui de toute façon je t'ai toujours tout dit.

- Allez, je vais manger, fais des gros bisous à ma nièce d'amour.

- Ce sera fait, bisous.

Bon, Antonia a raison il faut que j'arrête de réfléchir même si j'ai du mal, je pense à lui jour et nuit. Je lui enverrai un message et je verrai bien !

Avant de me coucher, je prépare toujours les habits de Lesia et les miens pour le lendemain. Pour elle, ce sera un leggings rose Minnie, un tee-shirt à paillette et ses baskets Minnie qui s'allument quand elle marche. Pour moi, jean et un haut manche longue et baskets. Demain j'enverrai un message sur internet à Julien vu que je n'ai pas son numéro.

Ce matin, c'est lundi et Lesia traîne, j'ai bien compris qu'elle ne voulait pas aller à l'école.

- Lesia, tu pourrais finir de déjeuner rapidement s'il te plaît on va être en retard.
- J'ai pas envie d'aller à l'école !

- Ça, je l'avais bien compris mais tu n'as pas le choix. Soit tu vas à l'école en ayant déjeuné, soit tu iras le ventre vide, réfléchis vite !

- ...

Le message a l'air d'avoir fonctionné, elle déjeune. Le temps que je finisse de me préparer et on sera prête à partir. Elle descend les escaliers au ralenti, elle marche dans la rue tout doucement et elle met un temps fou à mettre sa ceinture. J'ai envie de l'étrangler mais c'est puni par la loi alors je résiste jusqu'au portail de l'école où elle râle et fait mine de pleurer. Je ne lâche rien et lui dis que je serai là à 17h pour la récupérer en lui faisait un gros bisou d'amour. Elle rentre dans l'école encore mécontente. Je passe une journée aussi normale qu'elle puisse l'être à l'accueil des urgences. A ma pause je décide d'envoyer un message à Julien

- Salut.

- Salut, l'attente a été terrible ...

- MDR.

- J'ai pensé à toi tous les jours.

- Moi aussi ...

- On se voit quand ??

- Un midi ?

- Demain ?

- Lol ok.

- Parfait, je viens te prendre au boulot à midi pile, j'ai hâte.

- Me prendre ? Faut-il que je m'habille ou pas du coup ? HAHA, à demain, passe une bonne journée.

- (smiley tout rouge et smiley bisou)

Bon ça c'est fait ! Maintenant je vais vraiment pouvoir me concentrer dans mon boulot. La journée passe et vient l'heure d'aller récupérer Lesia à l'école, j'espère que tout s'est bien passé.

J'ai du mal à trouver une place ou me garer, c'est toujours pareil devant cette école !

Lesia arrive et je remarque qu'elle a le pantalon déchiré au niveau du genou.

- Lesia il est arrivé quoi à ton leggings Minnie ?

- Je suis tombée

- Tu ne t'es pas fait mal ?

- Ca va.

- Il faut que tu fasses plus attention tu aurais pu te faire mal.

- ...

- Ce n'est pas grave ma chérie je t'en achèterai un autre de leggings.

- ...

- Alors c'est qui tes copines ?

- J'en ai pas

- Ah bon ? Pourquoi ?

- Elles restent toujours avec les garçons et moi je veux pas !
- Pourquoi tu ne veux pas rester avec les garçons ?
- Ils sont dégoûtants !
- Haha , ils se mettent les doigts dans le nez ? Je sais que tu détestes ça.
- Je préfère rester entre filles c'est tout !
- Ok ok ... mais tu sais, c'est bien de se mélanger aussi mais c'est comme tu veux ma chérie, moi je dis ça pour que tu aies des copines, c'est triste d'être seule.
- Je suis pas seule, je t'ai toi maman.
- Oh oui mon amour, pour toujours, allez, on rentre à la maison.

Je suis dans mon lit et je stresse pour demain midi. L'idée de me retrouver seule face à face avec lui rendra les choses concrètes. Je ne sais toujours pas si j'en suis capable mais Antonia a raison : je ne le saurai pas tant que je n'aurai pas essayé. Je m'endors en pensant au rendez-vous. Si c'est comme dans mon rêve, je n'ai pas à m'inquiéter.

La matinée de boulot passe et arrive midi. J'ai la boule au ventre et les mains moites. Quand je sors sur le parking et que je le vois dans son 4x4, mon cœur bat de plus en plus vite. J'ai l'impression que je vais faire un malaise. Il sort pour me dire bonjour et pour m'ouvrir la portière ce que j'apprécie toujours autant. Je me demande où il m'emmène, je déteste ne pas tout contrôler mais je ne vais pas faire ma chieuse alors j'attends. Ici, c'est petit, donc je devine vite en voyant qu'il prend le chemin de la pinède par le Club Olympique.

Je n'ai jamais mangé dans ce restaurant de plage d'où la vue est superbe. On marche dans le sable où l'on rejoint un ponton qui nous mène sur une grande terrasse tout en bois, les tables et les chaises sont en bois patiné, il y a une grande véranda qui avec le soleil cache le grand bar intérieur. Le serveur s'avère être le patron, il est poli, assez discret malgré son fort accent corse. On est installé à une table collée aux barrières qui surplombent la plage. La mer s'étend à perte de vue. Je suis mal à l'aise mais j'essaie de ne pas trop le montrer, c'est la situation et non lui qui me rende comme ça. Il est beau, ses yeux noisettes sont magnifiques, je pourrais passer ma journée à le regarder, Il n'est pas très grand mais assez pour moi, ni gros ni maigre, il est juste parfait. Ses mains de travailleur sont sèches et abîmées. Il porte la gentillesse sur son visage avec un côté coquin et des cheveux châtains courts. Quand il sourit, il a des fossettes et des petites rides au coin des yeux, c'est la perfection cet homme. J'ai l'impression d'être du métal et lui l'aimant. Je ne suis pas du genre à regarder dans les yeux mais avec lui c'est différent. Rêveuse, je me demande depuis combien de temps on se fixe comme ça sans baisser les yeux. Il sourit, moi aussi, on dirait deux adolescents. Il lance la conversation, il veut tout savoir de moi alors je lui parle de Lesia, de mon boulot, de mes parents qu'il connaît déjà apparemment. Puis, il me parle de sa famille. Pendant son récit, il me prend la main et me caresse avec son pouce tout rêche que j'adore. Mais le contact, ce n'est pas mon fort. Je suis perdue tout d'un coup. D'un côté, j'ai besoin de plus et d'un autre je veux qu'il arrête. Je pense qu'il a remarqué quelque chose car il a arrêté le mouvement de son pouce. Il ne me lâche pas la main pour autant. Là, je comprends que ça peut être le bon, celui à qui je pourrai tout dire sans qu'il prenne la fuite, celui qui

sera patient et compréhensif. Le repas touche à sa
fin et il me raccompagne devant l'antenne :

- Merci ...

- Merci à toi Stella, je veux vraiment te revoir.

- Moi aussi mais je suis très prise entre mon
  boulot et Lesia.

- Je comprends et je suis prêt à prendre ce que tu
  peux me donner.

- On peut se voir le midi je suis toujours libre sauf
  le mercredi et le week-end.

- Parfait ! Je prends !

- A bientôt alors ...

- A très vite Stella ...

Je suis sur un petit nuage tout l'après-midi, je pense

à lui, à lui et encore à lui. Je n'en oublie pas pour

autant les patients qui, eux les pauvres, ne sont pas

là par plaisir. Alors je cache ma joie de vivre au maximum jusqu'à ce que mon portable ne sonne :

- Allô ?
- Oui bonjour, c'est la directrice de l'école Loviconi. Je vous appelle car Lesia s'est apparemment tordue la cheville. Elle a consulté l'infirmière, rien de grave mais il me semble préférable que vous veniez la chercher.
- Oui bien sûr, j'arrive tout de suite merci.

Je suis en route pour l'école, mon trajet ne dure cinq minutes mais cinq minutes de stress bien que je sache que ce n'est pas grave elle doit avoir mal et cela me contrarie. Je me gare à cheval sur le trottoir et je cours jusqu'au portail, je la vois arriver en boitant avec l'infirmière qui l'aide à marcher. J'ai une boule au ventre, une envie de pleurer, le seul point positif est qu'elle, elle ne pleure pas.

- Bonjour, elle a fait une chute dans la cours de récréation et s'est foulée la cheville. Si la douleur persiste ou que la cheville venait à gonfler faite lui faire une radio.
- Oui oui merci
- Bonne journée
- Ma chérie, décidément tu n'as pas de chance en ce moment.
- Ça fait mal maman quand je pose le pied par terre.
- Je te raccompagne à la maison, tu vas te reposer et on verra pour demain tu resteras sûrement chez mamie et babbo.
- D'accord.

Quand j'ai mis Lesia au lit, elle m'a dit qu'elle ne voulait plus aller à l'école, qu'elle voulait rester avec moi comme avant. La séparation journalière pour aller à l'école est déjà difficile mais c'est encore plus compliqué quand ça se passe comme ça. Je pense que j'aurais du la mettre à la crèche ou en maternelle dès que son âge le permettait. J'ai pensé à moi et maintenant je le paie. J'espère qu'elle va s'y faire et vite car je n'ai pas d'autre choix et puis je veux qu'elle ait une vie sociale ne se limitant pas qu'à moi !

La sonnerie de mon téléphone m'avertit que j'ai reçu un texto. Je sors de mes pensées. C'est Julien :

« Je pense à toi »

Encore un message

« La prochaine fois, je prends une photo pour pouvoir te regarder quand tu n'es pas avec moi »

« Je pense aussi à toi »

Il m'envoie un smiley

« Bonne nuit Stella et à très vite bisou »

« Bonne nuit bisou »

Le lendemain, Lesia est restée chez ses grands-parents. J'ai eu ma mère au téléphone qui m'a informé que la petite allait déjà beaucoup mieux et qu'elle voulait rester dormir chez eux ce soir. Ma mère la déposera elle-même à l'école.

Je vais pouvoir m'affaler dans mon canapé sans être obligée de faire à manger. Je n'aime pas me retrouver seule mais j'ai besoin d'un peu de calme et de repos. J'en profite pour lire un livre, avant j'en lisais un par semaine mais je n'ai plus le temps en ce moment et ça me manque. Je choisis un livre d'amour plein d'espoir, je finis par m'endormir dessus au bout de cent pages.

Au matin, la sonnerie de mon téléphone me réveille, c'est ma mère qui me dit que Lesia veut me faire un bisou avant d'entrer dans l'école. Après ce court échange, je file à la douche pour me préparer pour le boulot.

Cette journée risque d'être triste car une légende de Calvi vient de mourir et comme il était hospitalisé à l'antenne, tout Calvi va être présent. Oui ici c'est comme ça, tout le monde se connaît et on est tous là les uns pour les autres. Heureusement on a un parking réservé sinon j'aurais dû me garer super loin avec tout ce monde. Je m'installe derrière mon bureau et je dis simplement bonjour oralement sinon je ne vais pas m'en sortir avec toutes les bises et puis comme disait ma grand-mère « Ca va on ne va pas se laver la figure ! » Elle n'aimait pas le contact comme moi. Je lui ressemble beaucoup mentalement c'était une femme formidable appréciée de tous, je ne veux pas me lancer de fleurs mais oui je suis une personne très bien et présente pour toutes les personnes que j'aime et même celles que je ne connais pas. En plein milieu de ce bruit mon portable sonne, c'est l'école :

- Bonjour, c'est la directrice de l'école Loviconi.

- Bonjour.

- Je vous appelle car Lesia a chuté dans la cour, elle a saigné du nez mais tout va bien l'infirmière s'est occupée d'elle.

- Non ! Mais c'est pas possible ! Tous les jours je vais avoir la crainte que ma fille ait quelque chose ?

- Écoutez, je suis navrée mais ce sont des choses qui arrivent régulièrement.

- Ah bon ? Tous les jours vous appelez les mêmes parents ?

- Non c'est vrai que votre fille est assez maladroite mais dans la cour de récréation ce sont des choses qui arrivent.

- Elle est tombée toute seule encore j'imagine ?!

- Oui ! C'est ce qu'elle nous a dit, mais si vous savez quelque chose qu'on ignore je vous écoute.

- Non ! Elle va bien ou il faut que je vienne ?
- Elle va très bien, il s'agit simplement un appel
  d'information
- D'accord, bonne journée alors !

Je vais finir par vraiment croire que cette école ne compte que des incompétents mais qu'est ce qu'ils foutent dans la récréation à part boire leurs cafés ? Ils ne surveillent pas les gosses ou quoi ? Ça commence à bien faire ces histoires de maladresses ! Lesia va me parler qu'elle le veuille ou non. Ce soir, j'aurai une discussion avec elle.

Ma journée prend fin, une des plus tristes que j'ai pu voir. Dans la voiture sur le trajet de l'école, je broie du noir, je ne suis pas bien. J'essaie de me remonter le moral avec ma playlist, il faut que je sois en forme pour récupérer ma fille. Presque arrivée devant l'école, je croise Julien au volant de son bus, son klaxon réveillerait un mort. Il m'a fait une de ces peurs mais il m'a aussi redonné le sourire en une seconde. Pour le moral rien de mieux qu'un Julien, résultat j'ai le sourire devant le portail de l'école et les négociations s'annoncent bien, enfin j'espère.

Je suis devant l'école, je la vois de loin, elle a la tête baissée seule dans le rang, j'imagine qu'elle ne s'est toujours pas fait d'amis. Je ne comprends pas ce qu'il se passe mais je suis décidée à ne rien lâcher. Dès qu'elle s'approche de moi, j'attaque ;

- Coucou, ma chérie alors qu'est ce qu'il s'est passé encore ?

- Rien !

- A non ! Maintenant j'en ai marre, je veux savoir !

- Je suis tombée c'est tout !

- Toute seule ?

- Oui !

- Écoute Lesia ! Ça me paraît bizarre tout ça, si un enfant t'embête, il faut que tu       parles, au moins à moi.

- Maman je ne veux plus aller à l'école.

- Lesia, tu ne peux pas me dire ça et me dire que personne ne t'embête !

- ...

Elle se ferme comme d'habitude. Il faut que je me confie à quelqu'un, je ne sais pas quoi faire. Ce soir j'appellerai Julien, peut-être qu'il pourra m'éclairer ou juste m'écouter, déjà ça me fera du bien.

De retour à la maison, je prépare le dîner. Lesia s'est enfermée dans sa chambre. Je me sens impuissante, je vois que ma fille n'est pas heureuse comme avant et ça me rend malade ! Je suis folle de rage et d'angoisse à l'idée qu'il se passe quelque chose de pire. Le repas se déroule dans le silence. Quand je mets ma fille au lit elle a le regard vide :

- Mon amour, je t'aime, je suis là pour toi, il faut que tu me parles, que tu me fasses confiance. Je te protégerai toujours mais il faut que je sache ce qu'il ne va pas pour pouvoir t'aider !

- ...

- Je serai là quand tu voudras me parler.

Bonne nuit mon cœur. Je t'aime plus que la planète Mars et Avril.

Aucune réponse !

Le lendemain, je dépose Lesia à l'école avec angoisse. Hier soir, j'ai parlé avec Julien, je ne suis pas plus avancée mais il m'a aidé à déstresser. Nous devons déjeuner ensemble.

La matinée se passe assez bien, Francesca me raconte ses histoires « d'amour » pour rester polie et je lui dis qu'à midi, je mange avec Julien. Elle saute carrément de joie puis me dit qu'elle veut absolument tout savoir le jour où je passe à l'acte ...

Le midi, je suis au restaurant avec Julien. Je pense qu'il nous mène toujours à cet endroit pour qu'on y ait nos repères, que ce soit notre « restaurant », notre endroit à nous et ça a l'air de fonctionner car je le sens beaucoup plus à l'aise que la fois précédente. On discute beaucoup de Lesia et de mes craintes, je ne parle pas souvent de ma fille de peur d'ennuyer les gens. Avec lui c'est différent, il me pose des questions, il en demande toujours davantage, il est à l'écoute et de bons conseils. Au moment de l'addition, mon téléphone sonne, je reconnais immédiatement le numéro de l'école.

Julien voit tout de suite qu'il y a un problème, il me prend la main quand je décroche :

- Bonjour, c'est la directrice de l'école Loviconi

- Bonjour,

- Il y a eu un incident durant la cantine, Lesia s'est pris un coup de fourchette sur la main. J'ai appelé les pompiers ils vont la transporter à l'antenne.

- Mon Dieu ! C'est grave ? Comment va-t-elle ? Je vais tout de suite à l'antenne !

Julien jette de l'argent sur la table, me prend par le bras et me guide rapidement vers son 4x4. Je raccroche avec la directrice et j'explique la situation à Julien. La directrice ne m'a pas trop rassurée, j'ai l'impression de mourir de l'intérieur. J'ai le visage mouillé, je n'ai pas senti que je pleurais, je suis tellement déconnectée depuis qu'elle a prononcé « coup de fourchette ».

J'ai envie de vomir, je tremble, mon corps me lâche mais je sens que je peux marcher car j'ai un bras solide qui me retient. On arrive devant les portes coulissantes que j'emprunte chaque matin. Il ne me lâche pas. On entre dans la chambre et il y a tellement de médecins, d'infirmiers, je ne la vois pas. Francesca se rue sur moi, elle prend le relais de Julien et me tire jusqu'à Lesia. Il y a du sang partout, elle hurle, je n'avais pas reconnu que les hurlements venaient d'elle.

J'essaie de rester forte mais je n'y arrive pas. Je craque. Je suis sur le point de tomber. Heureusement qu'il y a deux bras musclés qui me retiennent. Je sens son odeur, il me parle mais je n'entends rien, c'est lointain. On me donne un sucre et de l'eau. J'entends Lesia qui m'appelle. Avec le peu de force dont je dispose encore, je la montre du doigt à Julien. Il comprend et me soulève de toutes ses forces car je ne suis plus qu'un poids mort. Il m'approche d'elle. Malgré ma main fébrile, je saisis une main de Lesia, l'autre est ensanglantée. J'évite de regarder, son visage est déformé de douleur, rempli de larmes, je vois de la haine dans ses yeux, je ne comprends pas sur le coup, je passe mon téléphone à Julien pour qu'il prévienne mes parents. Il sort de la chambre. Lesia me broie la main mais se détend un peu. Ils ont arrêté les saignements. On voit à peu près les trous de la fourchette qu'ils viennent de retirer. J'ai encore envie de vomir alors j'attrape dans le tiroir des pipettes d'eau sucrée que l'on donne aux bébés pour les calmer lors d'examens médicaux.

Je me serais bien passée de la voir se faire recoudre chaque trou mais je dois être forte pour elle. J'aperçois Julien devant la porte, je me dirige vers lui. Il me rend mon téléphone et m'informe que mes parents sont en chemin, qu'il va les attendre pour les accueillir et qu'ensuite seulement il repartira travailler.

Je le remercie plusieurs fois mais il ne veut rien entendre, je l'embrasse sur la joue et à son tour me fait un bisou sur le front.

Quelques heures plus tard, on est de retour à la maison, Lesia dort dans son lit. Avec mon père, on appelle l'école pour obtenir un rendez-vous dès le lendemain matin. Ma mère gardera Lesia pendant ce temps, maintenant je veux un nom ! Ma peur s'est transformée en haine !

Mes parents sont rentrés chez eux, on doit être à l'école pour 10h, je boue d'impatience. Julien vient de m'envoyer un message, il s'inquiète. Heureusement qu'il était là, je ne sais pas comment j'aurais fait sans lui, je lui réponds que ça peut aller et que j'en saurai plus demain. Je le remercie pour la centième fois.

Lesia a passé une mauvaise nuit. Elle m'étonnera toujours de sa force d'esprit, elle a quand même fini dans mon lit. Je l'ai sentie plus apaisée, j'aimerais tellement prendre sa douleur. Etre impuissante est le pire sentiment pour un parent.

Le lendemain, avec mon père, nous arrivons à la première heure devant l'école. Ma mère est restée avec Lesia chez moi, elles regardent son dessin animé préféré sur les sœurs de glace.

On est devant le portail, j'ai la boule au ventre et j'ai peur de ma réaction, peur de ne plus me contrôler.

La directrice nous reçoit dans son bureau :

- Comment va votre fille ?

- Mieux physiquement !

- Écoutez, aucun enseignant ni personnel de cuisine n'a vu l'incident.

- Vous avez interrogé les élèves qui étaient à sa table ?

- Personne n'a rien vu...

- Forcément, il ne va pas se dénoncer ! Qui était à sa table ?

- Je ne peux pas vous donner de nom, c'est un risque présent en milieu scolaire. Hier après-midi je suis passée dans chaque classe pour les sensibiliser sur les gestes dangereux et l'importance de les dénoncer pour le bien de tous. J'ai installé une boite pour que chaque enfant puisse y déposer un mot anonyme afin d'exprimer ce qu'il a vu ou de dénoncer de possibles faits d'harcèlements par un autre élève.

- Un risque présent ? Vous plaisantez ? Ma fille s'est prise un coup de fourchette. Non ce n'est pas juste un petit coup ! On le lui a enfoncé à travers la main ! Où était le personnel ?

- Il n'y a pas possibilité de mettre un adulte derrière chaque enfant mais je vais essayer d'établir s'il y a eu un défaut de vigilance du personnel de cantine.

- Je veux savoir qui a fait ça, ma fille n'est pas en sécurité dans votre école !

- Je vous propose de mettre un adulte les premiers temps pour être sûre qu'il n'y ait pas d'acharnement sur elle, et bien sûr l'assurance de l'école prend en charge tous les soins de votre fille.

- Merci mais je n'ai pas besoin d'argent je veux que le coupable soit exclu !

- Je suis désolée mais comprenez bien que je ne peux pas désigner un élève au hasard. La procédure est en cours.

- Très bien, ma fille ne reviendra pas dans une école d'incompétents ! Je veux son dossier scolaire pour la transférer à Lumio.

- Je l'enverrai par mail directement à l'école.

Je suis partie sans même un au revoir. Mon père n'a pas dit un mot. Je savais qu'il venait simplement pour me soutenir et prendre les reines si je vrillais. Sur le chemin du retour, il me dit qu'il connaît bien le père de la directrice de Lumio, il va lui passer un coup de fil pour accélérer la procédure, je l'en remercie.

De retour à la maison, je prends Lesia à part et lui explique qu'elle va changer d'école :

- Non je veux rester à la maison !!!!

- Lesia, ce n'est pas possible, ne t'inquiète pas là-bas ils seront gentils. J'aimerais que tu me dises qui t'a fait ça.

- ...

- Si tu ne me le dis pas, il ne sera pas puni ! C'est Tony ?

Pas de réponse comme d'habitude

- Il ne faut plus avoir peur, tu vas changer d'école, tu ne le reverras plus. Tu peux me dire qui c'est !

Toujours pas de réponse, j'ai envie d'hurler, je veux savoir qui est ce petit con mais crier n'arrangera rien alors je la laisse jouer dans sa chambre et retourne au salon voir mes parents qui m'attendent :

- Merci d'être restée avec Lesia, elle ne veut rien me dire, elle t'a parlé à toi maman ?

- Non, je n'ai pas voulu trop l'embêter avec ça alors je n'ai pas insisté.

- Oui tu as bien fait. Je ne comprends pas pourquoi elle ne me le dit pas maintenant !

- Laisse lui un peu de temps...

- Stella, me dit mon père, je te tiens au courant pour Lumio et appelle nous s'il y a quoi que ce soit.

- Merci papa, tout ira mieux maintenant enfin j'espère ...

Heureusement que mes parents sont là pour moi. Antonia m'a harcelé au téléphone je n'ai pas encore pu la rappeler. Elle est sur le continent pour le boulot, elle s'en veut de ne pas être là. Je l'ai rassurée par texto un milliard de fois. J'imagine que l'info a tourné car j'ai des appels et textos de toutes les filles. Elles vont me hurler dessus de ne pas les avoir prévenues mais j'étais tellement déconnectée. Je fais une visio avec Lucia, et Magalie pour tout leur expliquer. Lucia est hors d'elle, elle veut frapper la directrice jusqu'à obtention d'un nom et Magalie, bien sûr, l'encourage ! Je les calme, non mais ! C'est le monde à l'envers mais je suis tellement fière d'avoir de vraies amies qui considèrent Lesia comme leur nièce. On se détend, lorsqu'au cours de la visio Magalie piétine dans les crottes de chien et souille ses Meidle fétiches.

On raccroche et je leur promets de leur donner des nouvelles de la situation tous les jours.

J'appelle Antonia puis Julien, je suis fatiguée de tout ça.

Après le déjeuner avec Lesia, on se met devant la télévision et on s'endort jusqu'à l'heure du goûter. J'essaie au maximum de l'occuper, j'ai pris quelques jours de repos pour être avec elle. Si je n'ai pas de nouvelle de l'école de Lumio avant la reprise du boulot elle sera contrainte d'aller chez ses grands-parents la journée.

Le week-end passe, on est allé pique-niquer sur la plage puis marcher à la forêt de Bonifatu. Durant la semaine, nous sommes allées au salon de thé. Francesca est passée voir si la main de Lesia se cicatrisait bien. Elle devrait revenir dans deux jours pour enlever les points de suture.

# NOUVEAU DÉPART

La directrice de l'école de Lumio m'a téléphoné jeudi pour me rencontrer. Le lendemain, je me suis présentée en laissant Lesia chez mes parents. La directrice est très gentille, elle était déjà au courant de la situation et comprend que Lesia ait encore besoin de quelques jours. Elle commencera donc dans une semaine. Elle m'a fait visiter l'école, c'est un ancien bâtiment de la mairie, les enseignements dispensés vont de la première section de maternelle jusqu'à la dernière classe du primaire, une seule classe par niveau. C'est une petite école, un avantage qui ne durera pas malheureusement. D'ici deux ans une grande école va être construite avec plus de classes, les demandes d'inscription sont en augmentation, l'école étant devenue obligatoire pour le plus jeune âge. La directrice m'a présenté son futur maître, son visage m'est familier mais je n'arrive pas à le remettre. Ça me reviendra sûrement.

De retour chez mes parents, je leur explique en présence de Lesia. Celle-ci pique une crise, elle hurle qu'elle ne veut plus aller à l'école, qu'elle veut rester à la maison. Avec mes parents, on essaye de la rassurer, elle a peut-être peur que cela recommence mais il faut qu'elle y aille pour voir que l'école ne se résume pas à du harcèlement et qu'on peut s'y faire des amis. Tous les matins, j'avais hâte d'aller à l'école pour retrouver mes amies on était comme les cinq doigts de la main et j'aimerais qu'un jour elle connaisse ça, qu'elle ait des personnes comme Francesca, Lucia, Magalie sur qui on peut toujours compter, qui seront toujours là pour nous. Or, ce n'est pas à la maison qu'elle les trouvera !

La semaine passe, Francesca est venue à la maison lui enlever les points. Demain c'est la rentrée à Lumio. Lesia a pleuré toute la semaine, elle a fait des crises de nerfs, je ne m'énerve pas car je peux comprendre ses craintes, elle verra d'elle même que ce sera différent à présent.

Mes parents ont tenu à être présents pour sa rentrée, ils pensent que ça peut la rassurer alors on se rejoint devant sur le parking. Lesia se jette dans leurs bras et quand on s'approche de la grande porte en bois où tous les maîtres et maîtresses attendent et surveillent que les enfants ne ressortent pas, elle se met à pleurer. La directrice est là, elle la rassure également et nous demande de partir en nous promettant que Lesia se calmera très vite. Elle nous contactera s'il y a quoi que ce soit. Je suis rassurée, je vois que ce n'est pas une directrice blasée mais une femme qui aime son métier et les enfants. Ainsi, je pars le cœur léger au travail.

Francesca m'attend devant l'entrée des urgences. Elle est stressée, veut savoir comment s'est passée cette rentrée de Lesia. Elle n'est pas étonnée de savoir que ça a été difficile mais elle me rassure elle aussi. Je sais que Lesia a besoin de temps, je reste optimiste mais dès que mon téléphone sonne je crains que ce soit l'école. Je me plonge dans mes dossiers et me concentre sur les patients admis aux urgences. Au boulot, je m'entends avec tout le monde mais à part Francesca, je ne suis proche de personne d'autre. Depuis mon retour d'Aix, j'ai du mal à me faire de nouveaux amis, je suis assez solitaire et distante avec les gens. Bon maintenant j'ai Julien qui s'est ajouté à ma vie malgré mes premières réticences et j'en suis finalement très heureuse. Il est toujours là pour moi et à mon écoute mais je me rends compte que ce n'est que dans un sens. J'ai peur que ça le fasse fuir mais, en même temps dans ma situation, c'est assez compliqué. Allez, il ne faut pas que je sois pessimiste ; Tout va rentrer dans l'ordre avec Lesia et je vais pouvoir être plus présente pour lui. A l'heure de l'école, je suis impatiente de savoir comment la journée s'est passée.

Quand Lesia arrive, elle se jette dans mes bras. A première vu ça a l'air d'aller. On monte dans la voiture, je ne sais pas si je dois lui poser des questions alors j'attends de voir si d'elle-même, elle me parle :

- Maman...

- Oui ?

- Je veux pas retourner dans cette école !

- Ma chérie, cette école sera mieux pour toi. Tu verras, tu vas te faire des copines ne t'inquiètes pas.

- Je veux être avec toi, je veux pas de copines !

- Écoute Lesia, j'aimerais que tu te laisses une chance dans cette nouvelle école et si tu as de nouveaux problèmes, je te promets de trouver une autre solution, on est d'accord ? Tu veux bien essayer ? Pour moi ?

- D'accord ...

Je pense avoir bien géré la situation, je suis fière de moi et surtout de Lesia. La semaine passe sans pleurs alors je la récompense tous les jours à la sortie de l'école en l'emmenant au salon de thé. Je sais ce que vous vous dites ! Je n'ai pas à récompenser un enfant qui va à l'école mais dans cette situation je gère comme je peux. Pour l'instant, ça fonctionne alors je ne vais pas m'en priver.

Ce week-end, c'est l'anniversaire d'Antonia. Lesia dort chez mes parents, elle est toute contente. Moi, je rejoins Antonia chez elle pour qu'on se prépare ensemble. Julien et les filles nous retrouvent directement au bar d'Antho. Quand on arrive devant le bar, Antonia, Andria et moi restons bouche bée. Antho a mis le paquet, il a décoré tout le bar, c'est trop beau, il nous a privatisé un espace, il a même mis des bonbons !!!

- Antho ! T'as trop géré, c'est trop beau ! Merci

- C'est normal Stella, maintenant c'est à son tour d'être une vieille ! Haha

- Hooo, je suis pas vieille, je prends de la valeur !

- Ouaiouai ....

Lucia, Francesca, Magalie et Julien sont déjà là. Les filles se jettent au coup d'Antonia alors que Julien me prend par la taille et m'embrasse sur la joue. J'ai des frissons dans tout le corps. J'ai envie de rester dans ses bras mais il me lâche pour dire bonjour à ma sœur. On s'installe tous à table, la soirée se déroule à merveille, on chante, on danse. Je m'isole quelques instants avec Antonia pour lui demander un conseil :

- Je pense l'inviter à dormir chez moi ...

- Ouiiiii ma chérie, tu as raison, il est temps ! Et je te connais, ne te prends pas la tête !

- Je stresse mais j'en ai vraiment envie. Julien est super avec moi et j'ai confiance en lui.

- Alors fonce ma sœur !

On retourne à table et pendant que Magalie nous raconte ses péripéties avec ses vaches, une fille s'approche de notre table :

- Julien !

- Sophie ?

Je le sens mal à l'aise. Qui est cette fille ?

- J'ai eu Stéphanie tout à l'heure pour lui dire que j'étais sur Calvi quinze jours. Elle m'a dit qu'elle rentrait le week-end prochain. On se fera une bouffe tous les quatre !

- Pas de souci Sophie, bonne soirée, lui répond brièvement Julien !

- Heuu merci toi aussi

Il a été très froid avec elle. Et c'est qui cette Stéphanie ? Dès qu'elle est partie, il a pris son téléphone pour envoyer un texto. Il tenait son téléphone de telle sorte que je ne pouvais rien lire. Il faut que je lui demande, que je sache ou je ne pourrai pas avancer avec lui ! Tout le monde s'est remis à discuter mais je vois que tout le monde est mal à l'aise. Ça a mis un froid.

- Julien ? C'est qui Stéphanie ?

Je ne pensais pas l'avoir dit aussi fort mais tout le monde nous regarde, ils ont tous arrêté de parler.

- On peut en discuter plus tard ? Seul à seul ?

- Je n'ai aucun secret avec toutes les personnes présentes donc vas y on t'écoute !

- C'est ma femme

- Pardon ?

-Stéphanie est ma femme

- Oui j'avais compris merci ! Mais tu comptais me le dire quand que tu étais un gros connard marié ?

- j ...

- Non ! Surtout ne dis plus rien ! On n'a plus rien à se dire ! Barre toi !

- C'est pas ce que tu crois ! Stella, Laisses moi t'expliquer !

- Elle t'a demandé de te barrer, alors dégage de mon bar ! ordonne Antho

Il est parti. Antho est toujours là pour moi et pour ça, je ne le remercierai jamais assez. J'ai mal, je me sens vide tout à coup. Il y a un grand silence. Même les tables d'à côté ont entendu la dispute. J'ai l'impression que tout le poids de mon corps est dans mes jambes. Heureusement je suis assise sinon je serais à terre.

- Stella, tu veux qu'on rentre ?

- Non Antonia ! J'aimerais savoir comment Andria peut être amie avec lui mais ne pas être au courant de ça ?!

- Je savais qu'il avait été marié avec sa meilleure amie. Ça fait des années que je ne l'ai pas vue. Depuis tout ce temps, je l'ai vu avec d'autres filles par contre.

- Super !

- Tu veux qu'on rentre ?

- Non, je veux boire et ne plus parler de lui ! C'est ton anniversaire alors on fête ça et bien !

La fin de soirée se passe bien, je suis bourrée alors je chante, je danse, je suis une experte pour cacher quand ça ne va pas. Ma sœur me connait par cœur, je la vois me regarder du coin de l'œil, je fais comme si je ne voyais pas son manège. On est là pour ses trente ans  alors je fais tout pour penser à autre chose. Ce n'est pas un con qui va gâcher l'anniversaire de ma sœur. Quand la soirée prend fin, je suis soulagée, soulagée de ne plus devoir faire semblant. Je suis anéantie. Julien est la seule personne que j'ai faite rentrer dans ma vie depuis des années. Je lui faisais confiance, ce qui est très rare chez moi, je me sens humiliée, une grosse merde.

De retour dans mon apparemment, debout, droite comme un piqué et les yeux immobiles, je regarde mon salon. Je ne sais pas combien de temps je suis restée comme ça. Quand mon cerveau se reconnecte, je tombe de fatigue sur mon canapé. Et dire que cette nuit, je devais la passer avec lui ...

# DOUTES

Les jours qui suivent l'anniversaire sont déprimants. Je n'arrive pas à me sortir Julien de la tête et ça risque d'être compliqué vu qu'il m'appelle vingt fois à la minute. Francesca passe son temps à l'accueil avec moi, elle invente des prétextes mais je sais qu'elle s'inquiète pour moi. Quand elle se décide enfin à me demander si j'ai eu des nouvelles de Julien, mon téléphone sonne :

- Allô.

- Bonjour, c'est l'école de Lesia.

- Bonjour.

- Je vous appelle pour vous prévenir que Lesia a été victime d'un petit incident durant la récréation.

- Elle va bien ?

- Oui, mais elle est rentrée de récréation les cheveux coupés.

- Quoiiiii ??!!

- Elle ne veut rien nous dire. S'il est possible que vous veniez me voir pour que nous ayons une discussion avec elle, en espérant qu'avec vous elle soit plus coopérative.

- J'arrive tout de suite !

J'explique vite la situation à Francesca et je fonce à l'école. Quand je vois Lesia j'ai un choc

- Qui t'a fait ça ?!

- ....

- Réponds-moi Lesia ! Là, je ne vais pas passer tant que tu ne me le diras pas, c'est un carnage capillaire !

- Personne !

- Maintenant, tu vas arrêter de me prendre pour une imbécile et me dire qui t'a fait ça ! Tout de suite ! Je ne plaisante pas !

- Personne j'ai dit !

- Tant que tu ne me le diras pas, tu seras punie. Je suis désolée mais je ne pourrai jamais t'aider si tu ne me fais pas confiance !

- Lesia, il y a un élève qui t'embête ? Il faut nous le dire, n'ai pas peur lui demande la directrice.

- ....

- Si un jour tu as besoin de parler, je serai toujours dans mon bureau.

- Vous pouvez la ramener chez vous ? Je vous informerai de l'avancée de cette histoire. A demain Lesia.

On est en route pour le coiffeur. Je vois Lesia les larmes aux yeux dans le rétroviseur, j'ai une énorme boule au ventre, ça me rend malade de devoir la punir alors qu'un petit merdeux lui a fait ça. D'un autre côté, je ne peux plus accepter son silence.

Heureusement, Julia peut la prendre tout de suite :

- Mon dieu, Lesia que s'est-il passé ?

- Bonne question Julia ! Si tu arrives à lui faire dire n'hésites pas à m'en faire part !

J'attends à l'extérieur du salon de coiffure, j'ai encore l'espoir qu'elle parle. Ses cheveux sont coupés au carré d'un côté et de l'autre en escalier. Une heure plus tard, Julia a fini. Elle a du lui faire un carré et une frange. Lesia est toujours aussi belle mais elle avait de longs cheveux magnifiques que je n'avais jamais voulu couper. Julia a vraiment fait du beau boulot, elle est très douée avec ses ciseaux.

Je suis au bord de la crise de nerf, je n'en démords pas alors pendant le repas je retente ma chance mais je n'en tire rien du tout. J'ai besoin de parler à Julien mais je ne peux pas. Je me reporte donc sur Antonia.

Dix minutes après avoir raccroché, Julien essaye encore de me téléphoner ! Je refuse l'appel, quelques secondes plus tard, je reçois plusieurs texto de lui :

« Il faut que je te parle »

« Ne m'oblige pas à te dire ça par texto ! »

« Je viens te chercher demain au boulot à midi, et je ne te laisse pas le choix ! A demain »

Zut ! Les problèmes s'enchaînent en ce moment. Je vais me coucher, c'est trop pour aujourd'hui.

Ce matin, c'est ambiance froide au petit déjeuner. Quand je la dépose à l'école, elle ne me dit même pas au revoir, elle n'a jamais fait ça, c'est une petite fille aimante et joyeuse. Ce soir je pense enlever la punition, je m'en veux de la punir alors que c'est elle la victime et ce depuis sa première année.

A peine la porte des urgences franchie, Francesca vient aux nouvelles. Je lui raconte ma fin de journée d'hier et l'intention de Julien de venir me récupérer à midi.

- Dis-lui d 'aller se faire voir !

- Il a été là pour moi alors je lui dois bien un peu de mon temps pour qu'il s'explique.

- T'es trop gentille Stella !

- Je sais ...

J'ai passé la matinée à me demander quelle excuse il allait pouvoir imaginer. Au fond de moi, j'espère que c'est un malentendu mais je rêve. Je me plonge dans mes dossiers et quand j'entends la sonnerie de mon téléphone qui m'avertit d'un texto, je réalise qu'il est déjà onze heures cinquante. Le texto vient de lui, me disant qu'il est devant. J'ai un nœud au ventre et mes mains devenues moites tremblent sans que je ne puisse les contrôler. Quand je sors et que je le vois accoudé à la portière de son 4x4, j'ai envie de lui sauter au coup. Il m'a tellement manqué, il est toujours aussi beau. Je m'approche de lui. Quand il essaye de m'embrasser sur la joue, j'ai un mouvement de recul malgré moi. J'aurai tellement aimé qu'il me touche et pouvoir de nouveau sentir son odeur. Je vois bien qu'il est déçu mais il me comprend. Il m'emmène dans notre restaurant habituel, on s'assoie à nos places habituelles, je le regarde et j'attends mais il reste muet. Il regarde la mer. Je pense qu'il cherche ses mots alors je me lance, je n'en peux plus :

- Je t'écoute !

- Stella ne soit pas si froide avec moi s'il te plait.

- Comment pourrait-il en être autrement ?

- Tu ne sais pas tout.

- Sûrement, mais je suis là pour ça Julien !

- Cette histoire ne me concerne pas uniquement, je ne peux pas tout te dire sans son accord.

- L'accord de qui ?

Et là, je réalise qu'il y a un troisième couvert à notre table. Il ne va quand même pas me faire ça ...

- Bonjour

- C'est une blague Julien ?

- Stella, je te présente Stéphanie.

Je reste sans voix, clouée dans le siège, paralysée.

- Bonjour Stella, j'ai beaucoup entendu parler de toi.

- Va falloir m'expliquer et vite sinon je m'en vais ! C'est quoi cette blague ?

- S'il te plait Stella, laisse Stéph te parler.

- ...

Stéphanie est une très grande brune aux yeux verts, elle est superbe mais n'a absolument rien en commun avec moi. Je ne comprends pas laquelle de nous deux est réellement son genre.

- Stella je suis désolée que tu te sois retrouvée dans une situation aussi inconfortable mais tout est de ma faute. Julien m'a expliqué qu'il t'avait rencontrée et je n'ai pas eu le courage de clarifier les choses avec ma famille et mes amis.

-... ?

- Julien est mon meilleur ami depuis toujours. Il a accepté de se marier avec moi pour que ma famille ne sache pas que je suis homosexuelle.

- Quoi ?!

- Mes parents m'aurait reniée s'ils avaient su alors j'ai demandé à Julien de faire ça pour moi. A l'époque, il a accepté à condition que le jour où il rencontrerait une femme avec qui il serait prêt à partager sa vie, tout se termine. Quand il m'a appelée, j'ai eu peur. J'ai essayé de le dissuader. Quand une de mes amies m'a informé qu'elle était à Calvi, j'ai eu la trouille que la vérité éclate. Je suis vraiment désolée Stella, il ne faut pas que tu en veuilles à Julien. C'est vraiment un mec génial. Tout est de ma faute.

- Quelle histoire ! Je ne sais pas quoi dire, ça portait vraiment à confusion, mais je te cache pas que je suis vachement rassurée ! Merci d'avoir bien voulu m'en parler.

Le repas s'est mieux déroulé que je ne l'espérais. Je suis tellement heureuse. Julien ne m'a pas quitté des yeux du repas. Arrivés sur le parking, nous sommes enfin seuls, lorsqu'il m'ouvre la portière je me jette à son cou et l'embrasse. Il éclate de rire et me serre fort contre lui. Je me sens si légère tout à coup. Je réalise que ça me pesait vraiment car je l'apprécie beaucoup. J'ai besoin de lui, il redonne un nouveau sens à ma vie. J'ai hâte de crier sur tous les toits la vérité !

De retour à l'antenne, je me précipite sur Francesca pour tout lui raconter. Elle n'en revient pas de cette histoire de fou.

- C'est énorme ! Bon moi j'appelle Mag et Lucia, et toi tu appelles ta sœur !! C'est trop génial, je suis trop heureuse pour toi ma chérie !!!

Après un bref appel à Antonia je retourne derrière mon bureau et la journée se finit beaucoup mieux qu'elle n'a commencé. J'ai hâte d'être à ce soir afin de reprendre mes échanges, appels et texto, avec Julien comme avant. Quant à la journée d'école de Lesia j'espère qu'elle s'est bien déroulée.

Je suis devant l'école, je reconnais le petit Tony et sa mère devant le portail. Là je comprends ! Tout me revient. Je savais que sa tête me disait quelque chose mais je n'arrivais pas à me souvenir. En même temps, je ne l'ai vu qu'une seule fois et c'était dans le bureau de la directrice de l'école Loviconi de Calvi !

L'actuel maître de Lesia est le papa de Tony ! Mon dieu ! C'est peut-être de lui que viennent les problèmes. Se venge-t-il pour son fils ? J'attends Lesia avec impatience. A peine installées dans la voiture, je l'interroge :

- Lesia, tu savais que ton maître est le papa de Tony ?

- Oui.

- Pourquoi tu ne me l'as pas dit ? Tu as peur de lui ?

- ....

- Répond moi c'est important !

- Oui.

- Il t'a fait quelque chose ? Dis-moi tout !

- ....

# GENDARMERIE

Je suis assise dans un bureau froid, seulement un bureau un ordinateur et deux chaises, sans aucune âme, un sentiment de tristesse me revient en mémoire. Un gendarme m'interroge et je ne comprends toujours pas pourquoi on m'a embarqué pour une droite dans le nez de ce connard ! Mais apparemment, c'est un délit devant une école et à l'encontre d'un professeur des écoles. Mais qu'un maître harcèle ma fille, ça, ce n'est rien ! Alors j'expose à ce gentil gendarme ma bonne foi, lui explique que moi aussi je suis une gentille. Mais imperturbable, il m'informe qu'il attend la réponse de la procureure de la République. La suite de cette affaire ne dépend plus de lui. Je stresse. Les gendarmes ont toujours été très gentils avec moi mais cette fois-ci c'est moi qui suis mise en cause alors je prends sur moi.

La boule au ventre, je réalise que j'ai vu rouge, je n'ai pas su me contrôler. Lesia m'a laissé entendre que son instituteur lui avait fait quelque chose. Quand les gendarmes sont arrivés, elle m'a dit devant eux qu'il était méchant avec elle qu'il la forçait à rester assise en classe qu'elle n'avait pas le droit d'aller aux toilettes quand elle voulait ... je vous passe les détails qui résument que son maître est juste un maître normal. Maintenant j'ai honte, tout le monde me prend pour une folle mais je suis sûre que Lesia n'a pas tout dit. Je vois qu'il y a quelque chose et que ça vient de lui, qu'elle a peur et ça me rend dingue !

Le gendarme m'informe qu'il n'y aura pas de poursuite. La procureure me laisse libre vu que je n'ai aucun antécédent mais j'ai l'interdiction de rentrer en contact avec lui. Si je n'apprends rien d'autre, je ne lui ferai rien de plus !

Alors que je passe les grandes portes en bois pour sortir de la gendarmerie, j'aperçois Julien qui m'attend sur le parking. Lui ne m'a pas encore vue. Je le vois faire les cent pas. Quand il me voit, il court vers moi :

- Il a fait du mal à Lesia ? Pourquoi tu ne m'en as pas parlé ?

- Je ne comprends pas Julien, Lesia m'a laissé entendre qu'il lui avait fait quelque chose sans me dire quoi et j'ai pété un câble.

- Tu en sais plus maintenant ?

- Non, quand j'ai été embarquée, Lesia leur a raconté ce qu'il lui disait. Il n'y avait rien d'anormal pour un maître ! Je me suis emballée trop vite. J'ai tellement eu peur. Je savais qu'elle n'allait encore rien me dire et dans le doute je n'ai pas laissé passer.

Je pense qu'elle a peur de lui et que c'est pour ça qu'elle ne dit rien mais je ne peux pas l'accusé si Lesia ne me dit rien.

- S'il s'avère qu'il l'a touchée, je le tuerai !

- Merci d'être là Julien, tu m'as manqué.

- Tu m'as manqué encore plus.

Julien me raccompagne chez moi. Mes parents ont récupéré ma voiture sur le parking de l'école.

Pendant le court trajet, je me pose pleins de questions, j'ai peur de ce qu'il a pu lui faire pour qu'elle n'ose rien dire ni aux gendarmes ni à moi. Je me calme un peu. Tant que je ne sais pas, il ne faut pas que j'imagine le pire ou je vais devenir complètement folle. Après avoir franchie les pavés de la citadelle, ma boule au vendre revient. Plus j'approche de la vérité plus j'ai mal. Je veux savoir. Lesia ne peut pas garder ça pour elle, s'il y a un « ça » ... Je prie pour que non.

Julien me dépose devant mon immeuble. Je rejoins ma famille au grand complet chez moi,. Quand je rentre ma sœur mène Lesia dans sa chambre, mon père finit son appel téléphonique puis vient vers moi :

- Il ne l'a pas touchée

- Comment tu peux en être sûr papa ?

- Je le sais Stella, c'est tout !

- Ok

Ma famille est très connue ici et pas toujours pour de bonnes raisons. Si mon père me l'affirme c'est qu'il a fait le nécessaire. Je peux enfin souffler. Je suis tellement rassurée, mes nerfs lâchent, je m'effondre en larmes de soulagement.

# PRENONS LA VIE AUTREMENT

Vu que j'ai l'interdiction d'approcher son maître, il va être très compliqué de la laisser dans cette école. Elle a déjà été scolarisée dans les deux écoles de Calvi, il ne reste que celle d'Ile Rousse. Mais je n'ai pas envie et puis ce serait beaucoup trop compliqué alors j'envisage l'école à domicile. Il est grand temps que les choses changent. Lesia ne se fait pas à l'école et je n'ai pas envie de revivre ce cauchemar. Je vais me renseigner pour qu'une personne vienne chez mes parents la journée lui donner des cours. Mes parents sont d'accord et surtout très heureux à l'idée d'avoir leur petite fille au quotidien avec eux. Ils en ont surtout marre de s'inquiéter tous les jours pour l'école donc c'est la bonne solution. On m'a parlé d'une femme super alors je lui ai donné rendez-vous. Le courant est très bien passé avec moi et surtout avec Lesia. Mon père connaît sa famille donc tout est parfait.

# 5 ANS PLUS TARD

Les années ont passé. Lesia est maintenant une petite adolescente assez renfermée. Elle n'a pas d'ami à cause de son parcours scolaire et son besoin de rester enfermée. Elle passe le plus clair de son temps dans sa chambre seule, son casque sur les oreilles à écouter sa musique rock. Moi, j'ai bientôt trente-cinq ans et ma vie avec Julien est parfaite. Mon homme est merveilleux, on ne s'est encore pas installé ensemble mais c'est tout comme. Tous les week-ends, il dort à la maison et Lesia veut aller chez mes parents. En semaine, il vient souvent manger le soir donc on pense sérieusement franchir le cap de la résidence commune à présent. Il va y avoir pas mal de changements dans nos vies.

Après les vacances d'été Lesia rentrera au collège. J'ai une petite appréhension à cause du passé mais maintenant c'est différent, elle a grandi et elle a fait cinq ans de boxe. Elle avait besoin d'un défouloir.

De mon côté, Je suis rassurée qu'elle sache se défendre en cas de besoin, toutes les conditions sont bonnes et j'ai l'impression que même Lesia a envie d'y aller. On va passer l'été et surtout le mois d'août à profiter. Je suis en vacances le mois entier. Julien, lui, est en vacances presque deux mois le veinard. C'est logique, il conduit les bus scolaires. On va profiter au maximum et peut-être faire un petit déménagement au passage qui sait ?

# RETOUR DANS LE GRAND BAIN

Le collège Jean Félix Orabona !

Que de bons souvenirs, je nous revois Francesca, Magalie, Lucia, Antonia et moi, à trainer devant ce portail, soudées comme les cinq doigts d'une main et ça, ça n'a pas changé. Elles sont venues de suite pour nous aider à déménager les affaires de Julien chez moi cet été. Notre vie à trois a réellement commencée, je n'ai pas vraiment demandé son avis à Lesia mais il est grand temps que je pense aussi à moi. Je l'ai assez protégée comme ça, maintenant elle est grande, elle comprend.

- Bonne journée ma chérie, tu m'appelles si tu as besoin !

- Oui c'est bon !

Toujours aussi aimable cette petite, mais je pense que venir le premier jour de classe avec sa mère et son beau-père peut la mettre mal à l'aise alors je ne relève pas.

Je reprends le boulot demain et Julien avait posé sa journée spécialement pour être présent pour Lesia mais forcément aucune gratitude. Vive les ados ! Nous repartons donc un peu déçus.

Lucia est restée à l'écart devant les grilles du collège. Elle n'a pas voulu la gêner davantage, elle ne veut pas que Lesia se fasse embêter si quelqu'un apprend qu'une professeure est comme sa tante.

Les jours passent et tout à l'air de bien se dérouler. J'ai l'impression qu'elle s'est faite des amis, je l'entends au téléphone le soir, je suis tellement heureuse, je ne lui pose aucune question de peur de la braquer.

- Lesia à table !

- J'arrive.

Dix minutes plus tard

- Lesia à table !!

- J'arrive !

- Maintenant !

- C'est bon je suis là !

- Ça fait dix minutes que je t'appelle.

- Lesia, je pense que tu devrais poser ton téléphone le temps du repas comme ça tu nous racontes ta journée, lui fait remarquer Julien.

- Julien, je m'en fous de ce que tu penses !

- PARDON ??? Lesia ! Excuse-toi et pose ton téléphone !

- J'ai pas faim, je vais dans ma chambre.

Elle sort de table en faisant un boucan d'enfer avec sa chaise et elle claque la porte de sa chambre. J'ai envie de l'étriper, d'aller dans sa chambre et l'obliger à s'excuser mais je ne veux pas d'excuses forcées, je veux qu'elle apprécie Julien naturellement.

- Je suis désolée Julien, je ne comprends pas son comportement avec toi.

- Moi non plus, j'ai toujours été là pour elle, mais bon, ce n'est pas grave, ça lui passera, c'est la crise d'adolescence. Au moins, elle s'acharne sur moi et pas sur toi, c'est le principal.

- Tu vois toujours le bon côté des choses, merci.

- Je t'aime.

- Je t'aime.

Quand on est allé au lit, Lesia est venue avec deux tasses de tisane fumantes accompagnées d'excuses. Je suis tellement fière d'avoir élevé une fille aussi réfléchie.

Je pense boire plus souvent de la tisane le soir, j'ai dormi comme un loir mais j'ai une drôle d'impression ce matin en me réveillant. Je me lève rapidement, vais dans le salon et là je pousse un hurlement. Tout est sans dessus dessous. Julien me rejoint en courant.

- Mon dieu, Lesia ?!

On se précipite dans sa chambre.

- Ouf, tu es là !

- Qu'est-ce que vous faites dans ma chambre ?

- On a été cambriolé ! Tu n'as rien ? Tu n'as rien entendu ?

- Non et non !

- J'appelle les gendarmes, prévient Julien. Ne touchez à rien !

- Ok, habilles-toi Lesia, je vais me préparer aussi.

Les gendarmes sont là. Ils sont arrivés assez rapidement. On essaie de voir ce qu'il nous manque dans tout ce foutoir. Je ne comprends pas pourquoi je n'ai rien entendu.

- Mon porte-monnaie est vide.

- Le mien aussi, mais je ne vois rien d'autre qui manque, s'étonne Julien

- On a interrogé les voisins. Ils n'ont rien entendu. On finit de prendre les photos. Vous devrez passer à la gendarmerie déposer une plainte. Il n'y a aucun signe d'effraction, avez-vous fermé votre porte à clé ?

- Oui ! Enfin je crois. Je ferme toujours à clé, je ne comprends vraiment pas, je n'oublie jamais !

- Vous savez Madame, les gestes quotidiens, on pense les faire et parfois on oublie. Il n'y a aucun doute possible. Soit vous avez oublié soit c'est une personne qui a les clés.

- Les seuls personnes qui ont les clés sont mes parents et ma sœur donc c'est impossible, tout est de ma faute !

Je m'en veux énormément. Par mon manque de vigilance, j'ai fait prendre des risques à toute ma famille. Je ne me le pardonnerai jamais. J'irai déposer une plainte plus tard. Je m'en veux. Je n'écoute même plus ce que me dit le gendarme et je ne peux pas me permettre de rater encore un jour de boulot alors on décide de tout laisser comme ça. Je dépose Lesia au collège et je fonce au travail.

Francesca hallucine, elle n'est pas la seule. Je ne comprends pas. Ce genre de chose n'arrive pas ici. Encore moins à des locaux qui dorment dans l'appartement. Si je trouve ceux qui ont fait ça, je vais leur faire leur fête !

Quand je vois les pompiers arriver devant l'antenne, mon téléphone sonne :

    - Bonjours ici le collège de Calvi, le directeur souhaiterait vous voir au plus vite

    - Lesia va bien ?

- Oui elle, elle va très bien, mais je ne peux vous en dire plus. Il faut vous présenter au collège.

- J'arrive tout de suite

Ça recommence. J'ai cette boule au ventre qui revient des années plus tard. Cette journée n'est pas bonne du tout !

Deux minutes plus tard, j'entre dans le collège, je vois Lesia au loin assise sur une chaise devant des bureaux.

Un homme sort d'un des bureaux, c'est le principal :

- Maman j'ai rien fait ! Je te le jure !

- Lesia assois toi. Je veux voir ta mère seule dans un premier temps.

- Que se passe-t-il ?

- Un élève de sa classe vient d'être transporté à l'antenne. Il a une jambe cassée.

- Je ne vois toujours pas le rapport avec ma fille.

- Il s'est jeté du préau et affirme que c'est votre fille qui le lui a demandé.

- C'est une blague ? Elle lui aurait demandé de se jeter et lui il se jette ?

- Votre fille nie les faits. Il n'y aura aucune sanction. Elle ne l'a pas poussé. Toutefois si ce qu'il dit est vrai, je ne peux tolérer qu'une situation similaire se reproduise dans mon établissement. A vous de parler à votre fille en espérant que la famille de ce jeune ne se retourne pas contre vous. Cela ne dépend plus de moi.

- C'est une histoire de fou !

- Je vous laisse récupérer votre fille. Vous pouvez la ramener chez vous pour aujourd'hui.

- Très bien merci.

Sur le chemin de l'antenne, Lesia me promet qu'elle n'y est pour rien. Je m'en doutais mais j'ai préféré avoir confirmation. Quand on arrive, Lesia m'indique

que les personnes dans la salle d'attente sont de la famille du jeune. Je les connais de vue. Ils sont plus âgés que moi. Je retourne à mon poste avec Lesia, je me fais toute petite et j'attends de voir s'ils viennent vers moi. J'ai pris des nouvelles du jeune. Il a bien une jambe cassée, malgré ça il s'en sort bien. Mais pourquoi a t'il dit que Lesia lui avait demandé de sauter ? Et puis pourquoi l'aurait il fait si elle le lui avait simplement demandé ? C'est du grand n'importe quoi ! J'espère que ses parents ne vont pas croire une chose pareille.

Une femme sort d'une salle d'examen et vient vers moi :

- Bonjour,

- Bonjour Madame,

- Vous êtes la maman de Lesia ?

-Oui

- Je suis la maman de Jean. Mon fils m'a raconté ce qu'il s'est passé. Je suis désolée qu'il ait accusé votre fille.

- Il vous a dit quoi ?

- Qu'il avait peur de se faire engueuler alors il l'a accusée à tort. Il a juste voulu jouer cet imbécile. Il insiste pour s'excuser auprès de Lesia. Il n'aurait jamais dû l'accuser. Je suis vraiment désolée pour lui.

- Pas de souci, je peux le comprendre, Lesia ne lui en voudra pas.

- Merci.

Je suis rassurée qu'il n'insiste pas dans sa folle déclaration. Lesia l'est aussi. J'aurais fait interner ma fille si elle avait fait une chose pareille !

De retour à la maison, j'ai la merveilleuse surprise de constater que Julien avait tout rangé. A peine le temps de le remercier que mon téléphone sonne, c'est Lucia :

- Stella, je suis désolée, je la surveille tu le sais ! Je l'ai vu avec ce jeune mais je pensais qu'elle se faisait des amis alors je n'ai pas fait attention.

- Ça va, ne t'inquiète pas, tu n'y es pour rien, la mère du jeune est venue me voir. Il lui a dit la vérité, qu'il avait accusé Lesia pour ne pas se faire engueuler !

- Je vais le tuer !

- Il s'est excusé à plusieurs reprises, ne t'inquiète pas ma chérie, c'est gentil d'appeler.

- Je me sens tellement coupable Stella. Tu le sais que Lesia c'est comme ma nièce, je veille sur elle mais à l'avenir je serai plus vigilante.

- Merci beaucoup, ne pense plus à ça, au final il n'y a rien de grave, cinq doigts de la main !

- Cinq doigts de la main !

- A prestu (à plus tard)

Je ne pourrais pas vous dire depuis combien de temps on se le dit, mais cinq doigts de la main veut dire je t'aime. Je ne suis pas du genre sentimentale alors un jour j'ai sorti ça et depuis c'est resté.

Le calme est revenu ces derniers jours. Nous n'avons pas retrouvé nos cambrioleurs mais ce n'est pas si grave tout le monde va bien, c'est juste quelques billets de banque. Julien et moi sommes super heureux, notre histoire est parfaite. Il sait tout de moi et m'accepte comme je suis, il est attentionné, calme et patient, j'ai vraiment beaucoup de chance, c'est l'amour fou. Il m'a présenté sa mère récemment. J'avais la pression car pour les mecs, leur mère pète du Chanel n°5. Tout s'est très bien passé, elle est adorable.

Lesia a ses hauts et ses bas avec Julien mais ce n'est pas une ado qui va gérer ma vie !

Aujourd'hui c'est le dernier jour d'école avant les vacances de la Toussaint, Lesia veut passer quelques jours chez mes parents donc c'est eux qui iront la chercher à la fin des cours.

# LA VERITE

C'est l'après-midi. Le collège m'appelle et me demande de me présenter au plus vite, j'en ai marre. Qu'est ce qu'il se passe encore ?

Ma boule au ventre devient un quotidien, le directeur m'accueille :

- Bonjour, entrez, asseyez-vous.

Lesia est déjà assise dans le bureau, je m'installe à côté d 'elle.

- Votre fille a été surprise aux toilettes avec un garçon

- Quoiiii ???? C'est une blague Lesia ?

- ...

- Ce n'est pas tout Madame

- Je vous écoute

- Votre fille propose de l'argent en échange ...

- En échange de quoi ?

- Elle donne de l'argent si un élève montre son pénis à plusieurs élèves.

- Non ce n'est pas possible ! Dis-nous Lesia que c'est pas vrai ! Hurlé-je

- Un surveillant les a surpris. Tous les élèves ont confirmé. Je ne tolère pas ce comportement. L'exclure maintenant serait inutile mais j'attends d'elle qu'elle ait un comportement irréprochable à la rentrée. A défaut, après passage devant le conseil de discipline elle sera exclue définitivement!

- J'ai honte ! J'espère que toi aussi !

- ...

Sur le chemin du retour, j'envoie un texto à mes parents pour les prévenir de ne pas récupérer Lesia, je les appellerai plus tard, puis à Julien que je rentre avec Lesia à la maison. Il me répond qu'il nous rejoindra au plus vite.

De retour à la maison, je ne peux me retenir, je suis folle de rage :

- Mais qu'est ce qui t'as pris de faire une chose pareille ? T'es devenue folle ? Où as-tu trouvé de l'argent ?

Elle se dirige vers le toit terrasse, je la suis.

- Réponds-moi Lesia !

- Je sais tout maman !

- Tout quoi ?

- Quand j'étais toute petite, j'ai surpris une conversation entre toi et tatie. Cette nuit là, tu n'as fait que pleurer. Je n'ai pas compris sur le coup mais en grandissant tes mots ont continué de raisonner dans ma tête !

- Tu as entendu quoi exactement ?

- Que les hommes étaient tous dégoûtants. Alors j'ai tout fait pour qu'ils restent loin de moi et de toi ! Je me suis infligée toute sorte de chose pour que tu ne me laisses plus jamais avec un homme mais non. Tu n'as jamais rien compris ! Je me suis même plantée une fourchette pour ne plus être en contact avec mon maître ! Mais tu t'en foutais, comment tu peux m'aimer ? Comment tu peux me voir tous les jours sans penser à lui ?

- Mon dieu Lesia, ne crois pas ça, je t'aime plus que tout !

- Je voulais rentrer au collège pour faire du mal aux garçons ! J'ai volé de l'argent dans vos porte-monnaie et j'ai fait en sorte que tu penses que c'était un cambriolage ! Tu n'as rien entendu. Tu crois que c'est un hasard ? Tu penses vraiment que la tasse de thé c'était pour demander pardon ? Hahaha tu rêves toi et ton connard ! Je vous ai mis des somnifères !

- Mais pourquoi ? Lesia ! Recule du bord, reviens vers moi s'il te plait !

- Pourquoi tu m'as gardé ? Pourquoi tu as gardé un enfant de ce monstre ? JE SUIS LE FRUIT D'UN VIOL MAMAN !! Comment tu peux m'aimer ? Je suis l'enfant d'un monstre !

- Lesia, je t'aime ! Descend de ce rebord.

- Lesia NONNNNN.

# 1 AN PLUS TARD

Je suis dans un cimetière. Je m'approche d'une tombe. Je regarde. Je vois mon nom inscrit dessus. La mémoire me revient. Quand Lesia s'est jetée du toit, Julien était en bas de l'immeuble. Je n'ai pas compris sur le coup qu'elle attendait quelque chose. Elle l'attendait lui. Elle s'est jetée sur lui. Il ne s'en est pas sorti. Elle oui. Elle est paralysée à vie. Je n'ai pas pu m'occuper d'elle, j'ai sombré dans l'alcool, dans les médicaments, souvent les deux ensembles et un jour j'ai trop forcé. Je vais retrouver Julien.

Au loin, je vois Andria et Antonia qui poussent un fauteuil roulant dans lequel Lesia est assise. Elle a un regard noir, ils viennent me voir avec un bouquet de fleurs. Ma sœur n'est pas au courant que ma fille est perdue, qu'elle souffre. Je n'ai pas eu le courage de lui avouer, j'avais trop honte. Elle ne peut plus faire de mal à personne à présent.

# SI J'AVAIS SU

Si j'avais su, je ne serais pas passée par la rue Schuman à 18h précise ce soir-là. Je serais allée faire la fête avec mes amis de la fac comme ils me l'avaient proposé mais j'étais fatiguée. J'ai préféré rentrer et je me suis faite violer.

Cette ordure ne s'est pas protégée, je suis tombée enceinte. Je l'ai su trop tard, j'ai été obligée de garder l'enfant. Je pensais l'abandonner à la naissance mais quand je l'ai vu, je l'ai aimé au premier regard. Si j'avais su, j'aurais été beaucoup plus vigilante avec elle, je l'aurais faite suivre par des psychologues ... Si j'avais su j'aurais fait beaucoup de choses différemment.

FIN                                    Tournez la page ...

# CE N'ETAIT QU'UN RÊVE

Je me réveille en sueur, je pleure, mon cœur bat à mille à l'heure. Je suis dans mon lit de jeune fille chez mes parents, j'ai 19 ans et aujourd'hui à 18h je prends l'avion pour rejoindre Aix en Provence où la FAC de droit m'attend.

FIN.

## ET VOUS QU' AURIEZ VOUS FAIT ?

Personnellement, je passerai mon permis transport en commun pour conduire des bus scolaires ....

Tellement de similitude avec sa vie réelle, toutes les personnes existent et un sentiment que tout va arriver dans les jours à venir, serait-ce un rêve prémonitoire ?

Comment en être certaine ?

Va t'elle impliquer d'autres personnes au risque de passer pour une folle ?

Va-t-elle oser ou fuir ?

Va t'elle essayer de retrouver ce Julien ?

Tant de questions sans réponses ! L'avenir nous le dira peut-être …

Merci à mon super beau frère Mathieu Desjardin et ma sœur Sophie pour avoir fait les corrections, merci à Anthony Bicchieray pour le dessin de son bar, merci à Chloé Lesage pour le dessin de couverture. Un énorme merci à ma sœur Chloé et ma mère Chantal pour avoir été mes premières fan. Je vous aime plus que les coquillettes et le chèvre.

Pour toi papa qui me regarde depuis les étoiles.

CPSIA information can be obtained
at www.ICGtesting.com
Printed in the USA
BVHW030553210521
607794BV00007B/616